AF453104

3e Année
—
1876
ALMANACH
VILLES
et des
CAMPAGNES
LIBRAIRIE
ILLUSTRÉE
16, rue du Croissant
PARIS
C

ARTICLES PRINCIPAUX DE L'ANNUAIRE
POUR L'ANNÉE 1876

Année de la période Julienne...................... 6589
Depuis la première Olympiade d'Iphitus jusqu'en juillet... 2652
De la fondation de Rome selon Varron (mars).... 26⁹
De l'époque de Nabonassar, depuis février...... 2623
De la naissance de Jésus-Christ 1876
L'année 1292 des Turcs a commencé le 7 février 1875 et finira le 27 janvier 1876.

Comput (supputation) ecclésiastique.

NOMBRE D'OR (cycle ou révolution de dix-neuf ans pour accorder l'année lunaire avec l'année solaire) 15
ÉPACTE (nombre de jours que le soleil a en plus sur l'année lunaire)..................................... V
CYCLE SOLAIRE (il est de vingt-huit ans) 9
INDICTION ROMAINE (période de quinze ans, employée dans les bulles du saint-siége)..................... 4
LETTRES DOMINICALES (qui indiquent le dimanche) .. BA

Fêtes annuelles et mobiles.

La Septuagésime, 13 fév.	ASCENSION, 25 mai.
Les Cendres, 1er mars.	LA PENTECOTE, 4 juin.
PAQUES, 16 avril.	*La Trinité*, 11 juin.
Les Rogations, 22, 23 et 24 mai.	LA FÊTE-DIEU, 15 juin.
	L'Avent, 3 décembre.

Quatre-Temps.

Les 8, 10 et 11 mars.	Les 20, 22 et 23 septembre.
Les 7, 9 et 10 juin.	Les 20, 22 et 23 décembre.

Saisons.

Le Printemps commencera le 20 mars, à 6 heures 19 minutes, du matin. *Equinoxe.*

L'Été commencera le 21 juin, à 2 heures 41 minutes du matin.

L'Automne, commencera le 22 septembre; à 5 heures 8 minutes du soir. *Equinoxe.*

L'Hiver commencera le 21 décembre, à 11 heures 3 minutes du matin.

JANVIER

Les jours croissent de 1 h. 4 minutes.

1	s.	CIRCONCIS.
2	D.	s. Basile, év.
3	l.	ste Geneviève
4	m.	s. Rigobert.
5	m.	ste Emilienne
6	j.	ÉPIPHANIE.
7	v.	s. Théodose.
8	s.	s. Lucien.
9	D.	s. Julien.
10	l.	s. Paul, erm.
11	m.	ste Hortense.
12	m	s. Arcade.
13	j.	BAPT. DE N.-S
14	v.	s. Hilaire.
15	s.	s. Maur.
16	D.	s. Guillaume.
17	l.	s. Antoine.
18	m	C. de s. Pierre
19	m	s. Sulpice
20	j.	s. Sébastien.
21	v.	ste Agnès
22	s.	s. Vincent.
23	D.	s. Ildefonse.
24	l.	s. Babylas.
25	m	C. de s. Paul.
26	m	ste Paule.
27	j.	ste Angélique
28	v.	ste Léonide.
29	s.	s. F. de Sales.
30	D.	ste Savine.
31	l.	ste Martine.

P. Q. le 4.
P. L. le 11.
D. Q. le 18.
D. L. le 26.

AGRICULTURE

Labours pour le printemps. Transport de fumiers, marnes, etc. — Suspendre les irrigations, arracher les plantes nuisibles. Transporter les composts. Curer les fossés et rigoles. — Redoubler de soins pour le bétail; le tenir dans une température douce ; engraisser les porcs, les bœufs et les moutons. Surveiller l'agnelage et les vaches prêtes à vêler. Pourvoir à la nourriture des abeilles. — Exploiter les bois.

JARDINAGE

Bêcher et fumer les carrés du potager. Ouvrir les fosses à asperges, repiquer les salades d'hiver, semer sur couches les salades hâtives et les petits pois, les radis, les choux précoces, etc. — Planter les arbres fruitiers réussite certaine en trempant les racines dans l'Engrais liquide Boutin. Tailler les arbres. Les écheniller. Laver les troncs à l'eau de chaux ou de savon. Réparer les espaliers. Tailler les rosiers quand il ne gèle pas. Abriter la violette, les jacinthes, les pensées, etc.

FÉVRIER

Les jours croissent de 1 h. 30 minutes.

1	m.	s. Ignace.
2	m.	*Purificat.*
3	j.	s. Blaise.
4	v.	ste Jeanne.
5	s.	ste Agathe.
6	D.	s. Amand, év.
7	l.	s. Romuald.
8	m.	s. Jean. m.
9	m.	ste Appoline.
10	j.	ste Scholast.
11	v.	s. Séverin.
12	s.	ste Eulalie.
13	D.	*Séptuagés.*
14	l.	s. Valentin.
15	m.	ste Georgina.
16	m.	s. Élie.
17	j.	s. Théodore.
18	v.	s. Siméon.
19	s.	s. Gabin.
20	D.	*Sexagésime*
21	l.	s. Félix.
22	m.	ste Isabelle.
23	m.	s. Milburge.
24	j.	s. Mathias.
25	v.	s. Victor.
26	s.	s. Nestor.
27	D.	*Quinquagés*
28	l.	s. Romain.
29	m.	*Mardi gras.*

P. Q. le 3.
P. L. le 9.
D. Q. le 17.
N. L. le 25.

AGRICULTURE

Mêmes travaux de labour et de fumure qu'en janvier. Herser les terres ensemencées, commencer les semailles de printemps. — Mettre les rigoles et les prises d'eau e · bon état, irriguer abondamment. — Augmenter la nourriture des bêtes de trait dans la proportion de leur travail. Ménager les juments pleines. Soigner les truies prêtes à mettre bas. Bien nourrir et tenir chaudement les volailles qui commencent à pondre, donner des soupes tièdes aux vaches laitières et du lait mêlé de farine aux veaux. Premières sorties des bergeries. — Tailler les mûriers et les vignes et préparer les échalas. Continuer l'exploitation des bois. Faire les charbons. Semer les graines forestières.

JARDINAGE

Labour, fumure et drainage des carrés du potager. Commencer les semences de légumes dans les parties abritées et sèches du potager. Planter les arbres fruitiers, les cerisiers et abricotiers plus profondément que les autres espèces. Bêcher et fumer au pied des arbres malvenants. Tailler et écheniller. Semer les fleurs de parterre.

MARS

Les jours croissent de 1 h. 48 minutes.

1	m.	*Cendres.*
2	j.	s. Simplice.
3	v.	ste Cunégon.
4	s.	s. Casimir.
5	D.	*Quadragés.*
6	l.	ste Colette.
7	m.	ste Perpétue.
8	m.	s. Jean D. Q. T
9	j.	ste Françoise
10	v.	s. Blanchard.
11	s.	s. Firmin.
12	D.	*Reminisc.*
13	l.	ste Euphras.
14	m.	40 Martyrs.
15	m.	s. Zacharie.
16	j.	s. Cyriaque.
17	v.	ste Gertrude.
18	s.	s. Alexandre.
19	D.	*Oculi.*
20	l.	s. Joachim.
21	m.	s. Benoît.
22	m.	s. Epaphrod.
23	j.	s. Victorien.
24	v.	s. Siméon.
25	s.	*Annonciat.*
26	D.	*Lætare.*
27	l.	ste Rupert.
28	m.	s. Gontran.
29	m.	s. Frisque.
30	j.	s. Pasteure.
31	v.	ste Balbine.

P. Q. le 3.
P. L. le 10.
D. Q. le 18.
N. L. le 25.

AGRICULTURE

Terminer les travaux de labour et fumure. Herser et rouler les terrains ensemencés. Faire les semailles de printemps, de toute nature. — En faisant usage de l'Engrais liquide Boutin. Arroser les prés baignants tous les trois ou quatre jours par un temps doux et sec. Drainer les prés humides. Détruire les plantes nuisibles. — Continuer une nourriture substantielle aux chevaux, aux bœufs et aux vaches laitières. Donner du fourrage sec et du grain aux moutons avant de les mener paître. Sevrer les veaux et les cochons de lait. Tenir chaudement et nourrir avec soin les poules et les dindes couveuses. — Semer, planter et tailler les mûriers. Planter et provigner la vigne. Déchausser et greffer les vieux ceps. — Achever l'exploitation des bois. Réserver le chêne pour écorce.

JARDINAGE

Semer toute espèce de légume. Arroser abondamment pendant le hâle fréquent dans ce mois. — Tailler les arbres fruitiers, surtout les pêchers et abricotiers, qu'il faut abriter contre les gelées. Semer sur couche les balsamines, les reines-marguerites, etc.; tondre les arbustes du jardin paysagiste, conduire les serres comme au mois précédent.

AVRIL

Les jours croissent de 1 h. 38 minutes.

1	s.	s. Valérie.
2	D.	*Passion.*
3	l.	s. Richard.
4	m.	s. Ambroise.
5	m.	s. Prudent.
6	j.	s. Célestin.
7	v.	s. Clotaire.
8	s.	s. Edèze.
9	D.	*Rameaux.*
10	l.	s. Fulbert.
11	m.	s. Léon.
12	m.	s. Jules.
13	j.	s. Justin.
14	v.	*Vendredi S.*
15	s.	s. Paterne.
16	D.	PAQUES.
17	l.	s. Anicet.
18	m.	s. Parfait.
19	m.	s. Vincent.
20	j.	s. Marcelin.
21	v.	s. Anselme
22	s.	s. Théodore.
23	D.	*Quasimodo.*
24	l.	s. Léger.
25	m.	s. Marc.
26	m.	s. Espérance
27	j.	s. Castor.
28	v.	s Vital.
29	s.	s. Robert.
30	D.	ste Eutrope.

P. Q. le 1.
P. L. le 8.
D. Q. le 16.
N. L. le 24.
P. Q. le 30.

AGRICULTURE

Labour des jachères. Mêmes semailles qu'au mois précédent. Herser et rouler les terres ensemencées. Semer le maïs. Planter les pommes de terres et le houblon. Echardonner, sarcler, biner. — Dans les jours doux, donner des arrosages fréquents, mais courts. Dans la gelée, mettre l'eau avant le lever du soleil, l'ôter vers 10 heures. Niveler les taupinières. Arracher les mauvaises herbes. Répandre les amendements. — Aérer les écuries et les étables. Saillie des juments. Sevrage des poulains de janvier. Blanchir les poulaillers. Engraisser à l'étable les bœufs et les veaux. Faire sortir les moutons. Envoyer les porcs au pâturage. Nourrir les jeunes poulets de millet. — Biner les mûriers. Commencer l'éclosion des œufs. Aux vignes, mêmes travaux qu'en mars. Planter les échalas. — Faire les écorces en forêt.

JARDINAGE

Continuer les semis du potager. Arroser quand la température est douce. Faire la guerre aux insectes. Abriter les semis. Greffer en fente. Ebourgeonner les poiriers. Semer les mêmes fleurs qu'au mois précédent. Soigner les rosiers précoces. Enlever les pucerons. Faire les gazons. Nettoyer les allées.

MAI

Les jours croissent de 1 h. 17 minutes.

1	L.	s. Philippe.
2	m.	s Athanase.
3	m.	Inv. Ste Croix
4	j.	ste Monique.
5	v.	C. s. Augustin
6	s.	1. Jean P. L.
7	D.	s. Stanislas.
8	l.	s. Désiré.
9	m.	s. Grégoire.
10	m.	s. Antony.
11	j.	s. Mamert.
12	v.	ste Favie.
13	s.	s. Gervais.
14	D.	s. Pons
15	l.	s. Isidore.
16	m.	s. Honoré.
17	m.	s. Restitut.
18	j.	s. Venant.
19	v.	s. Yves.
20	s.	s. Bernard.
21	D.	s. Hospice.
22	l.	*Rogations*
23	m.	s. Didier.
24	m.	s. Donatien.
25	j.	ASCENSION
26	v.	s. Brix.
27	s.	s. Hildevert.
28	D.	s. Germain.
29	l.	s. Maximin.
30	m.	s. Félix.
31	m.	ste Pétronille

P. L. le 8.

D. Q le 16.

N. L. le 23.

P. Q. le 30.

AGRICULTURE

Sarcler et biner, herser suivant les cultures, fumer les jachères, les labourer, après y avoir fait passer l'extirpateur. Dernier semis du lin, du chanvre, du colza, etc., repiquer la betterave et le tabac, garnir les houblonnières de perches. — Donner l'eau aux prairies une nuit sur trois par le temps chaud ; la donner le jour quand il fait froid. Donner aux chevaux et aux vaches des fourrages verts mêlés aux fourrages secs. Saillie des vaches. Sevrage des agneaux de janvier. Castrer les porcs de mars et avril: Sevrer les plus jeunes. Faire pâturer les oies. Récolter les essaims. — Commencer l'éducation des vers à soie. Cueillir la feuille des mûriers, les ébourgeonner. Lier la vigne, la biner. Au bois faire l'écorce et les charbons.

JARDINAGE

Semer les mêmes graines qu'au mois précédent, et de plus des brocolis, du pourpier, des choux-fleurs, planter les tomates, des choux et des salades de toute espèce. Ramer les pois et les pincer, ainsi que les fèves. Éviter d'atteindre les greffes, repiquer les fraisiers, les semer. Supprimer les pouces gourmandes aux arbres fruitiers et les fruits trop abondants.

JUIN

Les jours croissent de 14 minutes.

AGRICULTURE

1	j.	Oct. de l'Asc.
2	v.	s. Potin.
3	s.	ste Clotild. V. J
4	D.	PENTECOT.
5	l.	s. Boniface.
6	m.	s. Claude.
7	m.	ste Hovan Q. T
8	j.	s. Médard.
9	v.	ste Pélagie.
10	s.	s. Landry.
11	D.	TRINITÉ.
12	l.	ste Olympe.
13	m.	s. Ant. de Pad
14	m.	s. Rufin.
15	j.	FETE-DIEU.
16	v.	s. Fargeau.
17	s.	s. Avit.
18	D.	ste Marine.
19	l.	s. Gervaiss. P
20	m.	s. Sylvère.
21	m.	s. Leufroy.
22	j.	Oct. Fête-D.
23	v.	s. Andri.
24	s.	s. Jean-Bapt.
25	D	s Prosper
26	l	s. Sauve.
27	m.	s. Crescent.
28	m	ste Irénée.
29	j.	s. Pierre s P
30	v.	Comm. s. P.

P. L. le 7.
D. Q. le 15.
N. L. le 21.
P. Q. le 28.

Porter le fumier sur les jachères et aussi sur les terres destinées au colza d'hiver, aux navets, aux choux, etc Butter les pommes de terre. Sarcler les avoines du printemps. Travailler aux drainages et désséchements. — Cesser l'arrosage des prés, en fortifier les défenses contre les inondations, currer les fóssés d'égout, puis faucher. — Nettoyer et réparer les fenils, les granges, les greniers, celliers et caves. Enlever fréquemment le fumier des étables, écuries et bergeries. Au dehors l'arroser souvent. Sevrer les poulains de mars, ainsi que les agneaux du même âge. Tondre les moutons. Plumer les oies, donner aux volaille du grain amolli dans l'eau. Baigner fréquemment les porcs. Poursuivre l'éducation des vers à soie. Ebourgeonner les mûriers. Second labour aux vignes ; mais, après la floraison, les lier. Au bois, continuer les charbons.

JARDINAGE

Semer les haricots tardifs Repiquer les choux et les salades. Répéter les semis du mois précédent. Pincer les tomates. Couper les tiges d'artichaut Arroser les arbres en espalier pied et feuillage ; éclaircir les fruits trop nombreux. — Floraison des rosiers, lis. œillets. Donner des tuteurs aux dahlias.

JUILLET

Les jours diminuent de 58 minutes.

1	s.	ste Eléonore.
2	D.	*Vis. de N-D.*
3	l.	s. Anatole.
4	m.	Tr. s. Martin
5	m.	ste Zoé, mart.
6	j.	s. Tranquille
7	v.	ste Aubierge.
8	s.	s Procope.
9	D.	s. Cyrille.
10	l.	ste Félicité.
11	m.	Tr. s. Benoît
12	m.	s. Gualbert
13	j.	s. Eugène.
14	v.	s. Bonavent.
15	s.	s. Henri.
16	D.	s. Eustache.
17	l.	s. Alexis.
18	m.	s. Frédéric.
19	m.	s. Vinc. de P.
20	j.	ste Marguer.
21	v.	s. Victor, m.
22	s.	ste Madeleine
23	D.	s Appolinair.
24	l.	ste Christine
25	m.	s. Jacques M
26	m.	ste Anne.
27	j.	ste Nathalie.
28	v.	s. Samson.
29	s.	ste Marthe.
30	D.	s. Abdon.
31	l.	s. Germ. l'A.

P. L. le 6.

D. Q. le 14.

N. L. le 21.

P. Q. le 28.

AGRICULTURE

Labourer, fumer et herser les jachères. — Brûler le chiendent provenant des hersages. Déchaumer les champs de seigle, d'escourgeon, de colza, dès que la récolte y est faite. Sarcler et biner. Semer navets, sarrasin, trèfle incarnat, gaude.— Récolter les foins. Aussitôt après le fauchage, mettre l'eau dans les prés pendant la nuit. Mettre huit à quinze jours d'intervalle entre chaque baignade. — Faire les empailles de seigles. récolter les premiers blés. — Faire baigner les chevaux. — Cesser la monte. —Préserver les poulains des grandes chaleurs. — Tondres les agneaux tardifs. — Saillie des brebis. — Chaponer les jeunes coqs. Recueillir le miel et fondre la cire. — Filer les cocons. Biner les mûriers. — Troisième façon de la vigne. Ebourgeonner. Veiller aux premiers symptômes de maladie. Nettoyer le sol. — Aux forêts, mêmes travaux qu'en juin. — Recueillir les graines. Marquer les baliveaux.

JARDINAGE

Semer les pois tardifs. — Repiquer les choux de toute espèce. Rajeunir les vieilles fraisières. Récolte des pommes de terre hâtives. Arroser abondamment les citrouilles. Récolte des premiers cornichons.

AOUT

Les jours diminuent de 1 h. 36 minutes.

1	m.	s. Léonce.
2	v.m.	s. Etienne, P.
3	s.	Inv. s. Etien.
4	v.	s. Dominique
5	s.	s. Cassien, év
6	D.	Tr. de N.-S.
7	l.	s. Albert.
8	m.	ste Léonide.
9	m.	s. Firme.
10	j.	s. Laurent.
11	v.	ste Suzanne.
12	s.	ste Claire.
13	D.	s. Hippolyte.
14	l.	s. Eusèbe, v j
15	m.	ASSOMPT.
16	m.	s. Roch.
17	j.	s. Mammès.
18	v.	ste Hélène.
19	s.	s. Donatien.
20	D.	s. Bernard.
21	l.	s. Privat, év.
22	m.	s. Symphor.
23	m.	ste Sidonie.
24	j.	s Barthélemy
25	v.	s Louis, roi.
26	s.	s. Zéphirin
27	D.	s. Césaire, év
28	l.	s. Augustin
29	m.	D. s. J-B.
30	m.	s. Fiacre.
31	j.	s. Raymond.

P. L. le 5.

D. Q. le 12.

N. L. le 19.

P. Q. le 26.

AGRICULTURE

Fumer les terres destinées au colza, aux navets. Dernier labour aux jachères pour blé et aux champs pour seigle et féveroles. Déchaumer les champs récoltés et défricher ceux qui ont porté du trèfle. Semailles de navets, colza, gaude, trèfle incarnat, navette d'hiver. — Arroser fortement les prés marécageux, de temps à autre seulement les bons prés. — Récolter le chanvre et le lin. Les rouir. Couvrir les meules de foin et de grain. — Sevrer les poulains de mars. Faire pâturer les bêtes à cornes et les moutons. Continuer la monte des brebis. Envoyer aux champs les oies et les dindons. — Filer la soie. Ebourgeonner les mûriers. Découvrir les grappes. Préparer les futailles. Dans les forêts, préparer le sol pour les plantations. Recueillir la graine de bouleau. Récolter les feuilles pour fourrage d'hiver.

JARDINAGE

Soigner la récolte des graines; les défendre contre les oiseaux. Semer des haricots et salades d'hiver. Cueillir tous les jours les cornichons; les arroser largement et aussi les citrouilles. — Ecussonner. Palisser pendant la seconde sève. Cueillir les fruits avec soins.

SEPTEMBRE

Les jours diminuent de 1 h. 42 minutes.

1	v.	s. Leu et s G.
2	s.	s. Justin
3	D	s. Grégoire.
4	l.	ste Rosalie.
5	m.	s. Bertin.
6	m	ste Reine.
7	j.	s. Cloud.
8	v.	*N. de la V.*
9	s.	s. Omer, ev.
10	D.	ste Pulcherie
11	l.	s. Hyacinthe.
12	m	s. Raphaël.
13	m.	s Mauril. Q.T
14	j.	*Ex. de la C.*
15	v.	s. Nicomède.
16	s.	ste Lucie.
17	D.	s. Lambert.
18	l.	s. Jean Chr.
19	m.	s. Janvier,
20	m	s. Eustache.
21	j.	s. Mathieu.
22	v.	s. Maurice.
23	s.	ste Thècle.
24	D.	s. Andoche.
25	l.	s. Firmin. év
26	m.	ste Justine.
27	m	s. Côme, s. D
28	j.	s. Céran.
29	v.	s. Michel.
30	s.	s. Jérôme.

P. L. le 3.
D. Q. le 11.
N. L. le 17.
P. Q. le 25.

AGRICULTURE

Tout préparer pour les semailles d'automne en engrais et labourant. Planter le colza, les choux-cavaliers. Chauler les semences. Établir les rigoles d'écoulement. — Arroser les prés si le temps est chaud et sec. Faucher et faner la seconde herbe. — Remettre les chevaux au fourrage sec. Continuer le vert aux bœufs et aux vaches laitières. Approvisionnement de beurre pour l'hiver. — Tenir les moutons au parc et leur donner de la paille. Continuer la monte. Sevrage des cochons de lait. Conduire les porcs à la glandée. Engraisser la volaille. — Préparatifs de la vendange.

JARDINAGE

Rentrer les citrouilles et courges. Dernier semis des haricots et des radis roses. Compléter la récolte des graines. — Planter les carrés dépouillés en choux rouges, choux de Bruxelles, poireaux et laitue. Bêcher et fumer les autres. — Récoltes des dernières pêches, des derniers abricots, des figues, des poires, des pommes. Casser les bourgeons des arbres fruitiers à pépin. — Pincer les branches gourmandes des espaliers. Épamprer la vigne. — Enlever les plantes de fleurs fanées. Garnir les bordures et massifs de chrysanthèmes de l'Inde et de sauge éclatante.

OCTOBRE

Les jours diminuent de 1 h. 24 minutes.

1	D	s. Remi.
2	l.	ss. Anges G.
3	m.	s. Gérard.
4	m.	s. Fr. d'Ass.
5	j.	s. Frollan.
6	v.	s. Bruno.
7	s.	s. Serge.
8	D	ste Brigitte.
9	l.	s. Denis. év.
10	m	s. Franç. de B
11	m.	s. Gommer.
12	j.	s. Wilfrid.
13	v.	s. Edouard.
14	s.	s. Calixte.
15	D.	ste Thérèse.
16	l.	s. Gal, év.
17	m.	s. Florentin.
18	m.	s. Luc, évang.
19	j.	s. Savinien.
20	v.	s. Caprais.
21	s.	ste Ursule.
22	D.	s. Mellon.
23	l.	s. Hillarion.
24	m.	s. Magloire.
25	m.	s Crépin.
26	j.	s. Rustique
27	v.	s. Frumence.
28	s	s. Simon, s. J.
29	D.	s. Valentin.
30	l.	s. Lucain.
31	m.	s. Quentin, v.

P. L. le 3.

D. Q. le 10.

N. L. le 17.

P. Q. le 25.

AGRICULTURE

Premières semailles. Enfouir les engrais verts. Plantations des pommes de terre. Mettre en silos ou rentrer dans les bâtiments les racines de tubercules. — Curer les rigoles et fossés des prairies. Arroser les prés dès les premières pluies d'automne. Arrosements partiels et d'une heure seulement, pour ne pas empêcher le pâturage. — [Castrage des poulains de l'année, des veaux et taureaux réformés. Cesser le parcage. Monte pour l'agnelage tardif. Donner de l'avoine aux poules pondeuses ; engraisser les autres. — Nettoyer et alimenter les ruches. — Cueillir les feuilles de mûrier pour fourrage. — Vendanger ; le faire sans pluie ni rosée. Couvrir les cuves pendant la fermentation, les découvrir après. — Recueillir les graines dans les forêts et les semer.

JARDINAGE

Soigner la plantation des pommes de terre. — Supprimer les vieux plants d'artichaut. — Recueillir les graines d'asperges, en planter les greffes, les couvrir de fumier. Bêcher et amender les carrés dépouillés. — Semer les pépins et noyaux. — Ensacher les raisins de conserve. — Soigner les dahlias. Obtenir des variétés.

NOVEMBRE

Les jours diminuent de 1 h. 17 minutes.

1	m.	TOUSSAINT
2	j.	Les Trépas.
3	v.	s. Hubert.
4	s.	s. Charles B.
5	D.	s. Lié.
6	l.	s. Léonard.
7	m.	s. Ernest.
8	m.	*Stes Reliq.*
9	j.	s. Mathurin.
10	v.	s. Monique.
11	s.	s. Martin.
12	D.	s. Réné, év.
13	l.	s. Brice, év.
14	m.	s. Vénéraud.
15	m.	ste Eugénie.
16	j.	s. Edme.
17	v.	s. Agnan, év.
18	s.	s. Odon.
19	D	ste Elisabeth
20	l.	s. Edmond
1	m	Prés. de la V.
22	m.	ste Cécile.
23	j.	s. Clément.
14	v.	ste Flore.
5	s.	ste Catherine
26	D.	s. Conrad.
27	l.	s. Séverin.
18	m	s. Sosthène.
29	m.	s. Saturnin.
30	j.	s. André.

P. L. le 1.

D. Q. le 8.

N. L. le 16.

P. Q. le 24.

AGRICULTURE

Faire les denières semailles d'automne et les labours pour celles de printemps. Marner. Défricher les luzernières et les prairies dont on veut changer la culture. Égouter les terres ensemencées. Faire les composts. — Mêmes irrigations qu'en octobre, purger les prés des plantes nuisibles. Ne pas mettre l'eau pendant les gelées, à moins qu'elle ne puisse couler sous la glace. — Pour les chevaux, dont le travail diminue. subst tuer les carottes à l'avoine. Bien nourrir les poulinières ; les faire sortir avec leurs poulains. excepté dans les mauvais temps. Ne plus envoyer le gros bétail au pâturage et commencer l'engraissement dans l'étable. Bien nourrir les vaches laitières et tenir leurs étables propres et suffisamment aérées. Commencer à donner aux moutons un supplément de nourriture.

JARDINAGE

Bécheret fumer les carrés de potager, butter les céleris et artichauts, somer les mâches, les petits pois et carottes de hollande, renouveler les plants d'oseilles. planter les arbres fruitiers, les tailler, avant les grandes gelées, arracher les dalhias et mettre leurs tubercules à l'abri.

DÉCEMBRE

Les jours diminuent de 24 minutes,

1	v.	s. Eloi.
2	s.	ste Aurélie.
3	D.	*Avent.*
4	l.	ste Barbe.
5	m.	s. Sabas, ab.
6	m.	s. Nicolas.
7	j.	s. Fare, v.
8	v.	*Conception.*
9	s.	ste Léocadie.
10	D.	ste Eulalie.
11	l.	s. Daniel.
12	m.	s. Maxenc.
13	m.	ste Luce, v. m
14	j.	s. Nicaise.
15	v.	s. Mesmin.
16	s.	ste Adélaïde.
17	D.	s. Lazare.
18	l.	s. Gatien.
19	m.	s. Meuris.
20	m.	s. Philog. Q. T
21	j.	s. Thomas.
22	v.	s. Honorat.
23	s.	ste Victoire.
24	D.	ste Delph. v. J
25	l.	NOEL.
26	m.	s. Etienne.
27	m.	s. Jean, év.
28	j.	ss. Innocents.
29	v.	s. Marcel.
30	s.	s. Sabin.
31	D.	s. Sylvestre.

P. L. le 1.
D. Q. le 8.
N. L. le 15.
P. Q. le 30.

AGRICULTURE

Continuer les labours d'hiver. Profiter de la gelée pour le transport des marnes et fumiers. — Même régime d'arrosement qu'en novembre. — Ne rien changer aux soins à donner aux chevaux et aux bœufs. Les vaches commencent à vêler et les brebis à agneler. Soigner les nourrices. Maintenir les groupes séparés que l'on aura préalablement établis dans le troupeau. Tenir les porcheries chaudes. Dans les gelées, donner de l'eau tiède à la basse-cour. — Continuer à alimenter les ruches. Mêmes soins aux mûriers que le mois précédent. — Tailler la vigne, faire les fosses pour provigner. — Exploiter les hauts bois et les tailler. Ne pas abattre pendant les gelées.

JARDINAGE

Dans le potager, peu de travaux à l'air libre, quelques soins généraux seulement. Continuer la plantation et la taille des arbres fruitiers et, autant que possible, dans les beaux jours. Faire la guerre aux chenilles et autres insectes. Dans le parterre, planter des perce-neige et des crocus. Surveiller les jacinthes, les jonquilles et les tulipes. Couper au pied les chrysanthèmes. — Enlever les plantes de réséda.

L'inventaire de la fortune nationale comprend : la propriété foncière et l'élevage, les habitations, le capital, le mobilier, les chemins de fer et la navigation.

PROPRIÉTÉ FONCIÈRE

La superficie totale de la France, diminuée de l'Alsace et de la Lorraine, est de 52.952.000 hectares, répartis de la façon suivante :

Terres labourables...........	25.000.000	d'h.
Vignes.....................	2.300.000	»
Vergers. Potagers...........	640.000	»
Cultures diverses............	500 000	»
Prairies et pâturages.........	5.500.000	»
Bois et forêts...............	8.000.000	»
Châteigneraies et oseraies.....	465.000	»
Landes, bruyères, roches, montagnes.....................	8.450.000	»
Étangs, marais, canaux d'irrigation...................	510.000	»
Rivières, canaux et fleuves....	207.000	»
Routes et chemins de petite communication...............	400.000	»
Chemins de fer..............	80.000	»
Rues......................	100.000	»
Habitations, Cours...........	800.000	»
Égal......	52.952.000	»

Estimons article par article et d'après les statistiques officielles.

TERRES LABOURABLES

25 millions d'hectares produisant année moyenne :

Froment pour........	2.300	millions de francs.	
Méteil, épautre, blé de 3 mois............	220	»	»
Seigle...............	472	»	»

Orge...................	265 millions de francs.	
Avoine...............	787	»	»
Maïs.................	132	»	»
Sarasin..............	112	»	»
Millet...............	6	»	»
Pailles diverses......	360	»	»
Pommes de terre.....	500	»	»
Betteraves..........	100	»	»
Chanvre............	56	»	»
Lin.................	66	»	»
Horticulture et arboriculture..............	200	»	»
Tabac..............	80	»	»
Ensemble.....	5.656 millions de francs.	

Ce qui, en supposant que la terre rapporte, chiffre fort, 14 et demi pour cent au cultivateur, nous donne comme valeur foncière au denier sept : trente-neuf milliards 592 millions,.. c'est-à-dire, une moyenne de 1,500 francs l'hectare.

VIGNES ET ENCLOS

2 millions 300 mille hectares, dont le produit annuel est de 1,400 millions de francs.

Soit au denier 7, pour l'estimation de la propriété : 9,800 millions.

JARDINS, VERGERS, POTAGERS, CULTURES DIVERSES.

Ensemble 1 million 140 mille hectares qui produisent année commune :

2

Haricots, pour.......	71	millions de francs.	
Fèves et féverolles...	36		
Lentilles........	5	»	»
Pois............	35	»	»
Choux...............	87	»	»
Carottes, navets, panais	96	»	»
Citrouilles.........	15	»	»
Melons.............	13	»	»
Asperges.......... .	10	»	»
Artichauts.........	47	»	»
Salades......	34	»	»
Autres légumes......	27	»	»
Pommes à cidre.....	120	»	»
Fruits de table......	90	»	»
Mûriers...........	100	»	»
Oliviers...	30	»	»
Houblons...........	20	»	»
Graines oléagineuses, compris amendes et noix...	200	»	»
Garance, pastel, gaude, chardon, safran, chicorée....	15	»	»

Ensemble..... 1.051 millions de francs.

Donnant au denier 7 une valeur de propriété de 7 milliards 357 millions.

PRAIRIES

Naturelles, 4,000,000 d'hectares.
Artificielles, 1,500,000 »

Ensemble, 5,500 mille hectares dont la production en fourrages est de 2 milliards de francs, ce qui, sans compter la part de plus-value donnée à la propriété par le produit de l'élevage, donne au denier sept une valeur foncière de quatorze milliards.

CHATAIGNERAIES ET OSERAIES

465,000 hectares produisant châtaignes et marrons pour............ 50 millions de francs.

Osiers................ 10   »   »

Total......... 60 millions de francs.

Soit, au denier sept, une valeur de 420 millions.

BOIS ET FORÊTS

8 millions d'hectares produisant année commune 400 millions, bien que susceptibles de produire un tiers en plus, selon qu'on fera les aménagements en futaies plutôt qu'en taillis.

Soit une valeur de 2,800 millions, estimation *minima* qui ne met en moyenne le prix d'un hectare de forêt qu'à 350 francs.

LANDES ET BRUYÈRES

8,450 mille hectares qui, s'ils n'ont pas de produit direct suffisamment appréciable, ne peuvent cependant être pris en non-valeurs, car, outre qu'ils concourrent à l'élevage des bestiaux, ils rendent encore de grands services à l'agriculture en fournissant des bruyères et des joncs marins qui seuls fument parfaitement certaines vignes, et sont très-recherchés pour les composts.

Nous estimerons ces landes, dans lesquelles on sème avec succès des sapinières, à 150 l'hectare, en moyenne ; c'est un minimum qui nous donne encore douze-cent-soixante-sept millions.

ÉTANGS, MARAIS ET CANAUX D'IRRIGATION

510 mille hectares qui, bien que non cultivables sauf le cas de plus en plus fréquent de dessèchement des étangs, produisent du poisson (dont la quote part sera comprise à l'article pêche), plus des joncs, des tourbes qu'on utilise pour les composts. Les marais, du reste, ont une valeur appréciable pour la culture du peuplier, dont chaque pied, comme chacun sait, acquiert une valeur marchande de 1 fr. par an.

Nous estimerons cet article en bloc à 50 millions, certains de rester au-dessous de la vérité.

Il ne nous reste plus à inventorier que la superficie couverte par les fleuves, rivières, canaux navigables, soit.................. 207.000 hect.

Routes et chemins de petite communication................	400.000 »
Rues et places publiques...	100.000 »
Chemins de fer.............	80.000 »
Édifices, habitations et enclôture inculte des habitations	800.000 »

Des non-valeurs, hors les terrains occupés par

les chemins de fer qui seront compris dans l'évaluation des chemins de fer et les terrains construits qui seront estimés avec les habitations :

Récapitulons maintenant la valeur du territoire agricole de la France d'après son revenu.

Terres labourables.....	39.592	millions.
Vignes...............	9.800	»
Vergers, potagers, cultures diverses.......	7.357	»
Prairies.............	14.000	»
Bois et forêts.........	2.800	»
Châtaigneraies et Oseraies...............	420	»
Landes et bruyères.....	1.267	»
Étangs et marais......	50	»
Ensemble......	75.286	millions.

A ce chiffre, il conviendrait peut-être d'ajouter, comme plus-value, une grande partie du produit de l'élevage français, mais nous en faisons un article à part.

ANIMAUX DOMESTIQUES

Le produit des animaux domestiques est évalué, année commune, d'après les statistiques officielles :

Chevaux, ânes et mulets, compris os, cornes et cuirs.......	1.000	millions.
Bœufs, vaches et veaux. Viande, os, cornes et cuir...........	3.500	»
Moutons. Viande.............	300	»
Laines et peaux...........	220	»

Porcs....................	100	millions.
Chèvres et chevreaux.........,	80	»
Volailles. Viande.............	105	»
Œufs....................	52	»
Beurre et lait...............	200	»
Fromages.............	40	»
Abeilles. Cire...............	6	»
Miel...................	18	»
Vers à soie et cocons..........	52	»
Gibier....................	60	»
Poisson.-.................	65	»
Ensemble.............	5.798	millions.

Ce qui donne comme capital, en comptant que l'élevage doit rapporter 25 0/0 brut, soit au denier quatre : 23 milliards 192 millions de francs.

HABITATIONS ET PROPRIÉTÉS BATIES

D'après la statistique des Cies d'assurances, il y en avait en France à la fin de 1874 pour 38 milliards de propriétés bâties, tant habitations qu'usines, magasins, etc.

En ajoutant à ce chiffre le prix du sol, nous aurons le montant de la valeur des habitations et des terrains sur lesquels on édifiera dans un temps donné.

Nous avons vu que les constructions absorbaient environ 800 mille hectares de superficie, déduction faite des rues, places, passages et dégagements.

Cette superficie se répartit de la façon suivante :
Paris, 7,500 hect. (net).

En ne portant la moyenne du prix de terrain qu'à 200 francs le mètre, soit 2 millions l'hectare, nous aurons, terrains.................... 15 miliards.

Lyon et Marseille, 2,500 hectares à 1 million l'hectare (moyenne 100 francs le mètre.................... 2.500

Rouen, Bordeaux, Lille, Nantes et Toulouse, 5,000 hectares à 600,000 l'hect., moyenne, 60 francs le mètre.................... 3.000

22 villes au-dessus de 50 mille âmes, 10,000 hect. à 400.000, moyenne, 40 francs le mètre.... 4.000

47 villes de 20 à 50 mille habitants 15,000 hect. à 200,000, moyenne 20 francs le mètre.................... 3.000

123 villes de 10 à 20 mille habitants, 25,000 hect. à 100,000; moyenne, 10 francs le mètre.................... 2.500

712 villes de 4 à 10 mille habitants, 70,000 hect. à 50,000; moyenne, 5 francs le mètre.................... 3.500

1,000 chefs-lieu de canton, 60,000 hect. à 20,000; moyenne, 2 francs le mètre.................... 1.200

35,000 communes, 600 mille hect. à 10,000. Moyenne, 1 fr. le mèt. 6.000

Ensemble......... 40.700

Constructions 38.000

Au total....... 78.700

VALEURS MOBILIÈRES

NUMÉRAIRE

Argent français en circulation.

Or, pièces de	100	francs.	—	44.346.400
	50	»	—	46.568.700
	40	»	—	204.432.360
	20	»	—	6.273.174.360
	10	»	—	965.051.690
	5	»	—	210.947.190
Argent »	5	»	—	4.840.679.485
	2	»	—	79.116.084
	1	»	—	102.975.552
	50	cent.	—	43.969.976.50
	20	»	—	2.504.728.60
Billon »	10	»	—	32.740.047.10
	5	»	—	25.918.341.45
	2	»	—	1.838.646.52
	1	»	—	1.097.517.43

12.875.361.078.60

Il est bien entendu que tout l'argent fabriqué n'est pas en France, mais il y a dans notre pays de notables quantités d'or et d'argent étrangers, ce qui fait une compensation suffisante pour que nous comptions en numéraire toutes les espèces que la monnaie a frappées pour nous depuis 1795 jusqu'à la fin de 1873.

LE CAPITAL

Je ne compte, comme capital-épargne, que le montant des rentes sur l'État. Les placements hypothécaires faisant, pour le plus grand nombre, partie du capital agricole, représenté par les animaux et le mobilier, et toutes les valeurs industrielles se trouvant comprises dans le capital industriel et dans la valeur des chemins de fer.

Évaluons un chiffre approximatif de quinze milliards.

CAPITAL INDUSTRIEL

LE CAPITAL COMMERCIAL n'est pas entièrement représenté par le Mobilier industriel, il faut un roulement de fonds ; or, les opérations se faisant presque toujours à trois mois, on ne peut guère évaluer le Capital commercial nécessaire en banque, à moins du quart du chiffre annuel des transactions.

Notre commerce intérieur se montant environ à 40 milliards, c'est donc dix milliards qu'il faut compter comme Capital commercial et industriel.

Ce chiffre de 40 milliards n'est pas celui de la production industrielle, mais bien la plus-value qu'atteint cette production, en passant de main en main jusqu'au consommateur.

Voici pour mémoire le tableau de la production industrielle :

MINÉRAUX

Mines et carrières.........	265	millions
Industrie des fers........	292	»
Bijouterie, orfèvrerie......	200	»
Métaux (ouvrages divers)..	154	»
Produits chimiques........	80	»
Arts céramiques....	86	»

VÉGÉTAUX

(Produits agricoles, voir pages 17 et suivantes.)

Terres labourables........	5.656	»
Vignes....................	1.400	»
Jardins et Cultures diverses.	1.051	»
Prairies..................	2.000	»
Châtaignes...............	50 .	»
Bois.....................	400	»

ANIMAUX

(Voir page 22.)   5.798

INDUSTRIES DIVERSES

Bâtiment	870	»
Ameublement...........	548	»
Habillement............	1.369	»
Tissus mélangés	330	»
Dentelles et broderies......	90	»
Matières grasses.........	156	»
Papeterie, imprimerie	60	»
Autres industries.........	500	»

Ensemble..... 21.355 millions

En prenant pour bases ces chiffres qui sont ceux
des statistiques les plus sérieuses, et en n'estimant
qu'à 40 milliards le montant du commerce intérieur, on reste certainement au dessous de la vé-

rité, car les matières brutes acquièrent plus de cent pour cent de plus-value par les transformations nombreuses qu'elles subissent avant d'arriver au consommateur.

Gardons ce chiffre de façon à estimer en chiffres ronds le montant du capital industriel représenté, soit par de l'argent ou des marchandises, à dix milliards.

MOBILIER

Les statistiques des Compagnies d'assurances n'évaluent le mobilier meublant, agricole, industriel et commercial, de toute la France, qu'à 34 milliards. Bien que je croie ce chiffre au-dessous de la vérité, je m'en contente et ne donne ici le tableau de notre population que comme base d'un travail d'estimation qui ne serait pas difficile à faire avec une exactitude plus que relative.

Ainsi, d'après le recensement de 1872, la population française est de 36,102,921 habitants répartis en :

Agriculteurs...	20 millions,	soit 4 millions de feux
Manufacturiers.	2 —	— 550 mille établis.
Commerçants..	3.500 mille,	— 1 million d'établ.
Artisans, ouvr.	5 millions,	— 1 million de mén.
Professions libérales Rentiers fonctionn.	3.500 mille	— 800 mille ménag.
Divers	1.000.000	
Domestiques...	1.000.000	— 150 mille ménag.
	36 millions	— 7.500 mille mén.

CHEMINS DE FER

Les chemins de fer ont coûté, tant aux compagnies qu'en comptant les subventions accordées par le gouvernement, environ 8 milliards, qui sont représentés, pour le capital, par les gares, le matériel roulant, les magasins, etc. Le chiffre serait certainement plus élevé si l'on y comptait les obligations émises par les compagnies et qui absorbent une partie du capital, mais j'aime mieux ne compter que la valeur réelle du gage.

NAVIGATION

La navigation est représentée, en France, par 24 mille navires de tous tonnages pour la mer, et 80 mille bateaux de toute sorte pour la navigation fluviale. Je compte, en moyenne, les grands navires à cent mille francs l'un, ce qui donne un chiffre de...................... 2.400 millions.

Et pour arrondir, j'évalue à 600 — tous ceux de la petite navigation, y compris les pontons, canots, établissements de bain, de natation, bateaux à laver, etc., etc.

Soit... 3.000 millions.

RÉCAPITULATION GÉNÉRALE

Propriété foncière...........	75.286 millions.	
Animaux domestiques et capital de l'industrie de l'élevage...................	23.192	»
Propriété bâtie, usines, magasins, habitations et terrains à construire............	78.700	»
Numéraire..................	12.875	»
Épargne, Rentes sur l'Etat....	15.000	»
Capital industriel............	10.000	»
Mobilier personnel, industriel, commercial et agricole....	34.000	»
Chemins de fer..............	8.000	»
Navigation..................	3.000	»
Ensemble.........	260.053 millions.	

Total de la fortune de la France, en chiffres ronds, 260 milliards, ce qui explique bien des choses et notamment la facilité avec laquelle on a pu trouver dans le pays les cinq milliards du dernier emprunt, sans entraver l'essor de la prospérité nationale.

C. L. HUARD.

LES TYPES QUI DISPARAISSENT

Paris est le kaléidoscope universel ; c'est là surtout que tout passe, tout casse, tout lasse, les types s'y renouvellent de génération en génération voire même d'année en année.

C'est ainsi que dans la bohème boulevardière, les *Poisseux* ont remplacé les *Gommeux* qui avaient détrôné les petits *Crevés*, qui succédaient aux *Gandins*, etc., etc.

Au quartier latin, les types sont plus tenaces, plus vivaces surtout ; mais ils disparaissent comme les vieilles maisons, qu'on en juge par les croquis suivants :

Page 31

Etudiant de première année fraîchement débarqué de sa petite ville et imbu de la littérature bohème, il est tout étonné de voir qu'on ne porte plus ni berret ni pantalon à la hussarde. Du coup, Mürger dégringole de plusieurs crans dans son estime.

Page 32

Etudiant de vingtième année. Mürger était son ami. Schaunard et Colline n'avaient pas de secrets pour lui ; par là-dessus une tirade de Virgile et une larme dans son absinthe sur la mort précoce de Gérard de Nerval et le tour est joué, c'est l'étudiant de première qui passe au comptoir.

Page 33

Le rapin de quinzième, espèce qui devient de plus en plus rare. Supprimez la pipe, le feutre et les cheveux. Que restera-t-il de l'artiste,

LE BUDGET DE LA FRANCE

Les recettes *prévues* pour l'année 1876, s'élèvent
à 2,573,342,877 francs, et se décomposent ainsi :

Contributions directes.......... · 384.339.700
«   Taxes spéciales..   23.069.000
«   Valeurs mobilièr.   34.174.000
Enregistrement..............   425.053.000
Revenus des domaines........   13.330.315
Forêts de l'Etat...............   38.064.680
Algérie........................   23.708.100
Timbre........................   154.984.000
Douanes......................   289.027.000
Contributions indirectes.......   982.758.000
Postes 110.176.000
Télégraphie privée............   16.580.000
Produits universitaires........   4.352.347
Retenues pour les pens. civiles.   17.623.000
Produits divers................   56.103.735

2.573.342.877 fr.

Les dépenses *certaines* pour l'année 1876, s'élèvent à 2,569,296,715 francs. Savoir:

Service de la dette publique ...	1.182.312.281
Ministère de l'intérieur.........	86.108.861
Ministère des finances (ser. gén.	20.158.156
« Remboursements....	17.782.000
« Frais de perceptions.	248.403.263
Ministère des affaires Étrangères	11.255.500
Ministère de la guerre.........	500.037.115
» Marine et colonies .	165.893.490
» Algérie.............	26.931.531
Ministère de la justice........	33.690.890
Ministère de l'instruction publique, cultes et beaux-arts	97.189.390
» Agriculture et commerce	18.404.100
Ministère des travaux publics ..	161.130.138

2.569.296.715 fr.

Soit un excédant de recettes 4,046,162 francs ; mais il ne faut pas perdre de vue que les dépenses sont assurées et qu'il n'y a aucune économie à réaliser dessus, tandis que les recettes, excepté les Contributions directes, sont toutes présumées d'après le produit des années précédentes, et qu'elles peuvent présenter des déficits.

Cependant, les résultats obtenus en 1875 permettent d'espérer au moins l'équilibre parfait du budget de 1876.

LE LIÈVRE FATAL

COCASSERIE CYNÉGÉTIQUE

—

Vous connaissez Louchandeuil-les-Bains-de-Pieds? Quatre cent soixante-et-onze âmes dont huit gendarmes, un marchand de gibier, un notaire et deux quincailliers?...

Non? Ça ne fait rien, je continue :

Le jeune vicomte Agénor de Beaufumet, *petit essoufflé* de la Vieille-Gomme, caracolait sur la place de l'église, la veille de l'ouverture de la chasse.

Il étalait ses grâces au soleil.

Les vêpres venaient de finir.

Agénor, pour *faire de l'épate*, éperonnait sa monture.

Et les habitants de Louchandeuil-les-Bains-de-Pieds de s'ébaudir !

Soudain la rosse du vicomte se cabra...

Et le maladroit cavalier *tomba* de cheval et amou-

reux de la femme du tabellion, Mme Mainlevée, qui sortait de l'église au même moment.

La digne femme se précipita au secours de Beaufumet qui s'était évanoui.

Mme Mainlevée, douée d'un cœur sensible, fit respirer au beau vicomte les énivrants parfums d'une vieille rose pompon qui séchait entre deux feuillets de son paroissien depuis le jour de sa première communion.

L'effet fut instantané. Beaufumet recouvra ses sens — à l'exception, toutefois, du sens commun — et, après force compliments des plus émus, il put remonter à cheval et regagner le château de ses ancêtres.

*
* *

Il avait, au moment de prendre congé, demandé à la charmante notairesse l'humble autorisation de lui envoyer de temps à autre une pièce de gibier de *sa* chasse, « car, avait-il ajouté, malgré mon accident, demain, mes trois chiens, mon cheval et moi, nous ferons *tous cinq l'ouverture...* »

Or, Beaufumet n'avait pas son pareil à dix lieues à la ronde pour la maladresse.

Il eut recours, le lendemain, à un truc vieux comme M. Thiers, mais dont on se servira longtemps encore, à moins que les vicomtes ne deviennent moins maladroits, ce dont je doute fort.

Notre amoureux se rendit chez l'unique marchand
de gibier de Louchandeuil-les-Bains-de-Pieds où,

moyennant quarante sous, il acheta un superbe lièvre pris, de la veille, au collet.

Un coup de fusil, à bout portant, rendit le lièvre
authentique.

Un valet de pied à cheval porta l'animal chez le notaire.

Madame était sortie.

M. Mainlevée qui avait besoin d'argent pour payer l'Enregistrement, enveloppa le lièvre dans un numéro de la *Patrie*, et courut le vendre au marchand de gibier qui lui en donna trente-cinq sous.

Puis, imitant l'écriture de sa femme, le notaire écrivit à Beaufumet une lettre de remercîments des mieux troussées.

Ça marche ! dit le vicomte en se frottant les mains ; vite un autre lièvre...

Le marchand lui revendit le même animal....

... Que M. Mainlevée rapporta à la boutique une heure plus tard...

*
* *

A la septième rentrée, s'étant aperçu que le lièvre n'était plus de première fraîcheur, le marchand, qui avait réduit à quinze sous le prix de rachat et augmenté de vingt-cinq son prix de vente, résolut, pour prolonger les choses, de le faire embaumer.

Le médecin du village se chargea de l'opération et le lièvre *gannalisé* et bourré de cyanure de mercure, de sulfate simple d'alumine, d'acide pyroligneux, de persulfate de fer, de bichlorure de zinc, de deutochlorhydrate d'étain et autres ingrédients *conservateurs*, le lièvre, dis-je, fut remis en circulation...

* *

Ni le Vicomte ni le notaire ne s'aperçurent de la métamorphose et, pendant quinze jours, le marchand continua son petit commerce en riant dans sa barbe.

Cependant le vicomte Agénor de Beaufumet multipliait ses lettres et ce, sans obtenir le moindre rendez-vous de sa Dulcinée, puisque c'était toujours M. Mainlevée qui répondait.

M. de Beaufumet père, homme *très-rat* et un peu orléaniste, voyant que son fils lui demandait journellement des sommes folles et le soupçonnant de se livrer à des orgies dans les cabarets de Louchandeuil-les-Bains-de-Pieds, lui coupa *subito* les vivres.

Le vicomte résolut de se ranger et d'oublier Mme Mainlevée.

Il racheta pourtant une dernière fois *son lièvre* et prévint le marchand que c'était sa dernière folie...

Ce dernier refusa naturellement au notaire de racheter un animal pour lequel il n'avait plus de débouché dorénavant.

M. Mainlevée rentra chez lui de fort mauvaise humeur...

— Que faire de ce lièvre? se dit-il. Tiens! une idée... Si j'invitais le vicomte à venir le manger demain soir avec nous...

Puis appelant sa femme:

— Ma chère amie, suivant sa promesse, M. Agénor de Beaufumet nous envoie le produit de sa chasse, un lièvre magnifique!...

— Oh! comme c'est aimable!...

— Je vais lui écrire de venir dîner demain avec nous. Qu'en dis-tu?

— Ce sera charmant. Fais vite, mon ami! Pendant ce temps, je vais descendre à la cave cette splendide pièce de gibier pour qu'elle se conserve mieux...

. . . .

Le lendemain, le vicomte de Beaufumet arriva tout joyeux au rendez-vous.

— O bonheur! pensait-il, elle m'aime!

On se mit à table...

On lit dans le *Constitutionnel* :

« Un cas d'empoisonnement des plus singuliers
« vient de se produire à Louchandeuil-les-Bains-
« de-Pieds. Le monde médical est en émoi. Un no-
« taire, sa femme et leur convive, le vicomte A. de
« B... mangeaient un lièvre à leur dîner. A la pre-
« mière bouchée, ils tombèrent comme foudroyés.
« Grâce aux secours de l'art, ils en ont été quitte
« pour une forte purgation. On se perd en conjectu-
« res. Le bruit court, néanmoins, que l'accident pro-
« vient de ce que le lièvre aurait *brouté* des cham-
« pignons vénéneux quelques instants avant d'être
« tué. Avis aux amateurs de gibier à poil !.... »

. . . .

George PETILLEAU.

EMPLOI DU TEMPS

Pour les sportmen

Fréquenter assidûment les hippodromes pour savoir si définitivement ce sont les courses qui améliorent les chevaux ou les chevaux qui améliorent les courses.

CONNAISSANCES UTILES

Protection des chevaux contre les Taons et les Mouches. — Un moyen très-simple et économique de préserver les chevaux d'être tourmentés, piqués et martyrisés, surtout lorsqu'ils sont au repos, est indiqué par M. Perret, pharmacien-chimiste à Moret. C'est tout simplement de les frotter avec un peu d'huile concrète de laurier, dont l'odeur est souverainement antipathique aux mouches. Faites surtout ces onctions dans les endroits où les mouches piquent de préférence.

Avec cinq centimes de cette huile, un cheval peut être suffisamment recouvert pour trois jours. Son emploi n'offre aucun danger ; bien plus, son action, légèrement excitante, est très-favorable aux chevaux et conserve la beauté de leur poil.

On peut encore remplacer ce moyen par une solution de 60 grammes d'assa-fœtida dans un verre de vinaigre et deux verres d'eau. L'odeur très-prononcée de l'assa-fœtida fait fuir les mouches et il suffit de lotionner les animaux avec cette solution pour qu'aucune mouche ne les pique. L'assa-fœtida est une gomme résine sans action malfaisante.

*
* *

Doit-on arracher les vieux arbres à fruits qui ne produisent plus ? Non, disent quelques horticulteurs. Lorsque les racines sont saines, il vaut mieux couper dans la terre les troncs au niveau du collet, puis poser à la fente ou en couronne 2, 3 ou 4 greffes des meilleures variétés. Ce procédé est excellent pour les poiriers, les pommiers, les pruniers, les cerisiers, les amandiers devenus stériles. Après avoir posé les greffes, il faut avoir soin de couvrir les plaies des troncs avec de la cire à greffer ou de la terre grasse. On rechausse ensuite la greffe avec de la terre, en ne laissant qu'un ou deux yeux au dehors. Cette greffe pratiquée le 18 mars, l'an dernier, sur de vieux poiriers, a produit des jets de 75 centimètres à 1 m. 75 c. de hauteur, bien aoutés. Il est facile d'essayer.

*
* *

Moyen de détruire les joncs dans les prés. — On fait couper les joncs avec les herbes le plus près de terre que possible, dans le mois d'avril, et on fait déposer sur le sol de la poussière de charbon ou de guano et des cendres de Hollande. Dans nos localités, les cendres de houille, les débris de fours à chaux et briques, qui coûtent moins cher jouissent de la même propriété.

On a vu aussi employer dans le même but, avec quelques succès, de la suie de cheminée dissoute dans de l'eau. Ce que l'on peut faire de mieux pour se débarrasser des joncs est de drainer la prairie. Si la conformation du terrain s'y oppose, ce qui arrive souvent, il faut bien avoir recours aux matières citées plus haut, qui constituent un engrais des plus énergiques pour les prés, et excitent la végétation des bonnes plantes. Lorsque l'on peut assainir, il ne suffit pas de créer de petites rigoles superficielles, comme on le voit trop souvent dans les prairies humides ; il faut que les fossés soient assez profonds pour que le niveau de l'eau qu'ils contiennent soit au-dessous du *gazon* formé par l'enchevêtrement des racines d'herbes et des joncs.

Cela revient à ceci : si l'on fume bien on récolte bien, et les joncs disparaissent.

Un oignon de six cents ans! — Le fait le plus extraordinaire qu'on ait recueilli sur la longévité des graines ou des plantes est celui ci : En creusant un puits à l'usine des fours à chaux de M. Brillet, située près la gare de Saint-Astier (Dordogne), on a trouvé un petit vase de terre cuite, contenant un denier à l'agniel du temps de Saint-Louis et un oignon qui ne différait en rien de celui de nos jours. Cet oignon capétien, après avoir subi l'influence de l'air, a été planté et végète aujourd'hui avec la plus grande force.

*
* *

La création des violettes en arbres.— La création de la violette en arbre est à la portée de tout le monde. On prend un pied de violette des champs que l'on met sous bâche ; on supprime tous les bourgeons inférieurs pour donner de la force à la tige, et l'on obtient un charmant petit arbuste qui donne des fleurs parfumées pendant tout le printemps.

Impossible de se procurer une plus charmante jouissance à moins de frais.

*
* *

Essence de Rose. — Savez-vous combien il faut de roses pour produire 30 grammes d'essence? Environ 130,000 ou 26 kilogrammes.

Et quand on saura que la production d'une ville de 12,000 habitants, Kesanlik, en Bulgarie, est évaluée à 2,000 kilogrammes d'essence, on pourra se faire une idée du nombre de rosiers qui croissent dans le pays. La campagne en est littéralement couverte.

Les Maisons de Paris. — Il existe en ce moment à Paris, 71,251 maisons appartenant à 20,234 propriétaires. Ces 71,251 maisons se subdivisent à leur tour en 650,631 logements, qui possèdent chacun en moyenne trois habitants.

Le Paris de 1852 ne possédait que 54,557 maisons comprenant 557,857 logements. On voit donc que dans la période de 1852 à 1870 les embellissements de M. le Préfet de la Seine Haussmann ont donné à la ville de Paris 16,694 maisons nouvelles et 92,744 logements. Depuis 1871, le chiffre des logements vacants a augmenté dans une énorme proportion. Le chiffre des logements vacants, qui était avant cette époque de 30,000 par an, atteint aujourd'hui, ainsi que le constate le travail des répartiteurs, le chiffre effrayant de 82,750.

*
* *

Drap de plumes. — Une nouvelle découverte en matière de tissus vient de se produire : le drap de plumes, fabriqué avec le duvet des oiseaux de basse-cour et de tous les autres volatiles. 700 à 750 grammes de duvet donnent un mètre de drap beaucoup plus léger et plus chaud que la laine. Ce drap se foule très-bien, se teint en toutes nuances et est imperméable à la pluie. Les essais ont produit le meilleur résultat.

EMPLOI DU TEMPS

Pour les gens sérieux

Poser sa candidature à l'Académie et commencer ses visites
en essayant de dérider les lions de l'Institut.

LE CASQUE ENCHANTÉ

Il y avait une fois un vieux château crénelé comme la toque des troubadours abricot, que l'on rencontre aussi fréquemment sur les pendules que sur les planches de l'Opéra-Comique.

Si vous tenez à savoir dans quel département de la France avait vu le jour la noble châtelaine qui l'habitait l'été, je ne reculerai devant aucun sacrifice pour me procurer son acte de naissance. — Mais pour le moment, faites-m'en crédit.

La noble châtelaine sus-annoncée n'était point veuve comme cela se rencontre toujours dans les histoires d'amour ; elle était parfaitement mariée, je crois même qu'elle avait un gamin de quinze mois, mais cela ne fait rien à l'affaire.

Son noble époux représentait un lopin de la

France, et remplissait très-convenablement un des 289 fauteuils qui ont été, pendant un temps, le plus bel ornement du Palais-Bourbon.

Non loin du vieux château gisait une de ces bonnes sous-préfectures qui, pour n'être connue que dans le cours de géographie de MM. Meissas et Michelot, n'en renfermait pas moins une quantité notable d'habitants et même d'habitants notables.

Parmi ceux-ci, il convient que je vous présente le jeune Anatole du Clinquant, petit crevé d'une eau... dormante, mais amoureux jusqu'au délire de la dame du château dont il avait fait connaissance au bal en lui marchant sur sa robe.

Anatole avait déjà barbouillé des rames de papier de déclarations, en vers, en prose et en ennuyeuses qu'il s'était bien gardé d'envoyer à leur adresse ; mais il ne tenait plus dans sa peau, le sérum de ses veines s'était converti en vif argent, son cœur, chauffé à 200 atmosphères, menaçait d'éclater comme un obus, et sa tête était une fourmillière d'idées toutes plus saugrenues les unes que les autres.

Enfin, un beau jour, il lui en vint une qui lui sembla lumineuse, et, pour éclairer sa situation à giorno, il se décida à risquer une démarche et à déposer sa flamme aux pieds de l'ange de ses rêves au risque de brûler ses bottines.

Je ne sais quel prétexte il trouva pour venir au

château, mais il est certain qu'il s'y transporta.

Madame achevait de dîner avec une nombreuse société où dominait le sexe à crinoline — ayant de-

mandé à lui parler pour affaires, on le fit attendre dans la salle des armures.

Pour tuer le temps, il admira les casques, cuissards, brassards qui avaient jadis servis de veston court aux nobles aïeux du châtelain; il se mesura avec des vieilles hallebardes ornées de la rouille séculaire qui les rend chères aux amateurs.

Un casque gigantesque attira surtout son attention.

Il n'était point ordinaire, ce casque avec son ondoyant cimier et sa visière défensive qui s'abattait par étages comme le tablier d'une cheminée à la prussienne, pour se river à un gorgerin qui garantissait tout le cou.

Il l'admira sous toutes ses faces, puis, comme il était à la portée de la main, il le palpa, toqua de son doigt contre les parois aux reliefs damasquinés et s'apprivoisa tellement avec lui qu'il le décrocha et finit par s'en coiffer.

Non pas au figuré. Il le mit bel et bien sur sa tête, se contempla dans un vieux miroir d'acier poli aux biseaux vénitiens et fit jouer la visière pour juger de l'air crâne que lui donnerait ce couvre-chef du bon vieux temps.

En ce moment, le frou-frou d'une robe de soie annonçait l'arrivée de la châtelaine. Anatole se hâta pour retirer le casque qu'il ne jugeait pas d'absolue nécessité pour la mission plus que diplomatique qu'il espérait remplir.

La châtelaine le salua d'un éclat de rire dont chacune des notes qu'il aurait trouvée cristalline dans

toute autre circonstance, déchirait son amour-propre comme autant de pointes d'aiguilles.

Je ne peindrai pas la scène qui s'ensuivit : pareil tableau est au-dessus de mon encre.

Anatole voulait parler et sa voix sortait étouffée
par les grilles du casque, qu'il tirait à deux mains,
au risque de s'essoriller ou d'endommager la précieuse relique. — La comtesse riait à réveiller tous
les échos du vieux château.

Ses invités, accourus au bruit, firent un chorus
si énergique que les valets, l'un après l'autre, gar-

nirent les portes et apportèrent de nouveaux éléments à ce concert homérique qui menaçait de devenir interminable, alimenté par les gestes et les cris désespérés du malheureux Anatole.

Enfin, un calme relatif succéda à la tempête et Anatole put s'excuser d'une curiosité poussée jusqu'à l'indiscrétion..., et demander une délivrance dont il éprouvait de plus en plus le besoin.

— Hélas ! Monsieur, répondit la châtelaine, ce serait avec le plus vif empressement, mais ce casque est à secret et mon mari seul en a la clef.

La foudre tombant aux pieds d'Anatole ne l'eût pas terrifié davantage que cette nouvelle inattendue. il resta sans voix et sans mouvement.

Les assistants se mordaient les lèvres jusqu'au sang pour ne pas rire de son malheur.

Revenu à lui, Anatole crut à une mystification et, irrité des refus polis et circonstanciés de la châtelaine qu'il supplia de lui rendre sa tête, il la perdit tout-à-fait et, ne pouvant découvrir son chef, il découvrit le secret de son cœur. — Il dit à la comtesse et devant tout le monde qu'il l'aimait, qu'il n'était venu que pour le lui dire et accompagna cette déclaration de gestes si éloquents que les éclats de rire redoublèrent jusqu'au moment où on le laissa seul... avec son casque.

La comtesse avait eu cependant la présence d'esprit de lui glisser entre les mains un morceau de carton : l'adresse de son mari.

Resté seul, Anatole frappa son casque à tous les coins de meuble, récita tous les vers tragiques qu'il connaissait et même ceux qu'il ne connaissait pas, et refusa de quitter le château.

Il fallut que les valets le missent à la porte.

Heureusement pour Anatole, il faisait presque nuit et il put regagner la ville sans révolutionner les populations.

Après une conférence aussi douloureuse pour son amour-propre, que pour ses oreilles, avec les meilleurs serruriers du pays qui reconnurent qu'à moins de briser le casque à grands coups de marteaux, on n'en disjoindrait pas les morceaux, Anatole se décida à prendre le chemin de fer.

A la gare, où il attroupa tous les voyageurs, il ne put obtenir de billet pour Paris, qu'en se faisant reconnaître par le chef de gare et en prétextant une bonne farce.

Vous pensez bien qu'il évita de lui dire qu'il était le dindon de celle là.

Il prit un coupé-lit, plutôt pour être seul que pour reposer son casque qui en avait pourtant bien besoin.

Trois heures après, il était à Paris et venait sonner à la porte de son député.

Le suisse le prenant pour un émule de Clodoche en erreur de saison, le chassa avec tous les égards qui sont dûs aux compagnons de la *chien-lie*, et il fallut l'éloquence persuasive de quelques pièces de cent sous, pour lui faire avouer que Monsieur n'était pas à l'hôtel et que Monsieur était probablement en soirée chez M. le duc de ***.

Anatole remonta en voiture et se fit conduire chez le duc en question où il parlementa inutilement avec le suisse ; il ne put obtenir qu'une chose grâce à de nouveaux *arguments irrésistibles*, c'est qu'on remettrait sa carte à son compatriote.

Pendant les pourparlers, la voiture d'Anatole avait pris la file, et en sortant de l'hôtel il fut obligé de suivre le trottoir pour tâcher de reconnaître son cocher dont il ne savait pas le numéro.

Chemin faisant, les cochers le huèrent à qui mieux-mieux : ceux qui n'étaient pas sur leurs siéges lui barrèrent la route en riant, tant et si bien que deux sergents de ville qui passaient par là se crurent obligés de l'emmener au poste.

Anatole eut beau se débattre, le port d'un casque, prohibé par la belle saison, était une charge plus que suffisante pour le faire coucher au violon, en attendant la maison de santé.

Il passa la nuit en compagnie de quelques ivrognes et employa le temps à défendre le casque de son député, que ces messieurs voulaient lui faire quitter ; il n'entra point en explication avec eux, il garda son éloquence pour le commissaire de police qui ne refusa pas de le croire et qui lui accorda jusqu'à midi pour se faire réclamer.

Anatole dépêcha alors un commissionnaire porteur d'une lettre circonstanciée à son député, qui envoya son valet de chambre muni d'une lettre non moins circonstanciée pour le commissaire ; ce qui lui rendit la clef des champs ; mais ne lui donnait aucune clef pour le casque.

Anatole était libre ; mais sa tête ne l'était pas. Il prit une voiture et courut au Corps-Législatif pour y demander son libérateur.

Un malheur n'arrive jamais seul ; son cocher qui passait le temps à contempler par le carreau l'étrangeté du couvre-chef de son bourgeois, n'aperçut pas une lourde charrette qui venait sur lui, et brisa sa voiture au détour du Pont-Royal.

Anatole n'était pas blessé, son casque seul avait

souffert, aussi n'hésita-t-il pas une seconde, il prit ses jambes à son cou dans la direction du Palais-Bourbon, courant comme un fou, sans s'inquiéter des gamins et des chiens qui le suivaient en hurlant.

La première personne qu'il renversa dans sa précipitation, fut son député.

— Sauvé, mon Dieu !

Eh bien ! non, pas sauvé, car le député n'avai

pas la clef sur lui ; elle était restée dans le deuxième tiroir, à gauche de son secrétaire, il n'y avait qu'à l'introduire sur la septième cheville du gorgerin, pour ouvrir le malheureux casque.

De plus, prévenu par dépêche de sa femme, il voulait se battre avec Anatole, se réservant de se coiffer d'un casque de pompier pour rendre les armes égales.

Mais Anatole s'était trouvé mal, et la foule s'assemblait croyant que Mangin était ressuscité.

Le député commençait à être très-embarassé de son client, quand il reprit ses sens, il changea d'idée et l'entraîna dans un restaurant ; là il écrivit deux mots à sa femme pendant qu'Anatole aspirait un bouillon avec des tuyaux de paille, la grille de son casque lui interdisant tout autre moyen d'absorption, puis le député lui donna sa lettre pour la châtelaine et deux sergents de ville pour le conduire à la gare.

Je ne me suis point apesanti sur la bile que devait distiller le pauvre Anatole ; j'aime à croire que vous vous en faites une juste idée.

Il arrive au château, — je passe sur les incidents du voyage — et stupéfie la femme de son député, qui ne consent à le délivrer que quand il aura retiré sa déclaration de la veille, en présence des mêmes témoins.

Les laquais partent dans tous les sens, les invités reviennent. — Anatole fait de plates excuses, reconnaît qu'il n'a jamais aimé la dame du château et qu'il ne l'a insultée d'un aveu ridicule que sous

l'influence d'une colère trop concentrée par le cas-
·que à secret.

La vérité est, qu'il ne l'aimait plus, son cœur
était guéri, il ne lui restait plus qu'à soigner sa tête
qui était bosselée comme une coloquinte.

Comme compensation, la comtesse, qui était
bonne au fond, le voyant remporter sa veste, ne vou-
lut pas le laisser partir sans remporter son casque,
qu'elle lui mit sous le bras avec une délicatesse ex-·
quise.

Il ne l'avait pas volé.

ÉPILOGUE.

Anatole est aujourd'hui capitaine des pompiers
de sa ville natale ; mais il n'a jamais remis son

casque... enchanté, que pour faire plaisir à la comtesse.

LUCIEN d'HURA.

MÉDECINE USUELLE

—

Rhume. — Le rhume simple, sans fièvre, ni oppression, ni points de côté, se guérit radicalement par le moyen suivant : trois cuillerées de bonne eau-de-vie, autant de sirop de capillaire, dans une grande tasse de thé, de tisane de fleurs de violettes, ou même de lait, boire dans son lit et prendre toutes les précautions pour ne pas arrêter la transpiration, recommencer le lendemain et le surlendemain si le rhume n'est pas guéri, c'est que vous avez une irritation de poitrine, et alors il faut avoir recours à la pâte et au sirop d'escargots de *Mure*, que vous trouverez chez tous les pharmaciens et qui ont fait leurs preuves d'infaillibilité.

Maux de gorge. — Les maux de gorge non soignés peuvent prendre de la gravité. Il deviennent selon que le pharinx, le larynx ou les amygdales sont enflammées, angîne, catarrhe ou amygdalite ; on peut prévenir tous ces accidents avec cinq centigrammes d'émétique mélangés avec trois verres d'eau froide, on en prend, à jeun et couché pour favoriser la transpiration, un verre de quart d'heure en quart d'heure. Quand les nausées viennent, on prend de cinq minutes en minutes un verre d'eau tiède pour rendre les vômissements moins pénibles.

Ce remède est préférable aux bains de pieds,

aux cataplasmes autour du cou et surtout aux gargarismes astringents.

Des Glaires, de leurs effets et des désordres qu'elles produisent dans l'économie animale.

Les maladies occasionnées par les glaires, sont plus fréquentes qu'on ne le suppose généralement, et l'expérience nous démontre que toutes tiennent à l'altération des humeurs, qu'il faut modifier par le régime, ou expulser par des médicaments.

Parmi les nombreuses maladies occasionnées par les glaires, nous citerons, pour ne pas les énumérer toutes, « les aigreurs d'estomac, les digestions difficiles, les coliques, la diarrhée ou dyssenterie, les altérations du foie et de la rate, la jaunisse, les fièvres, les hémorrhoïdes, la pneumonie, les rhumes, les fluxions de poitrine, l'asthme, la grippe, les névroses, syncopes et palpitations de cœur, l'hydropisie, les affections de la peau, etc. »

Toutes ces maladies sont combattues victorieusement par l'élixir de Guillé, préparé par M. Paul Gage, pharmacien. La vogue extrême dont cet élixir « jouit dans le monde entier, » la quantité immense qui s'en consomme tous les ans sont la meilleure preuve que l'on puisse donner de sa puissance médicale, des services qu'il rend tous les jours, et surtout de la bénignité de son usage, puisqu'il peut être administré avec un égal succès à la plus tendre enfance et à la plus extrême vieillesse, sans jamais donner lieu à aucune espèce d'accident. — Pour plus amples renseignements, voir aux annonces.

Constipation. — La Constipation résiste rarement aux pilules et poudres purgatives mais ce moyen peut avoir des inconvénients ; le plus simple est de manger une fois par jour cent à cent cinquante grammes de pain de son ; après 48 heures de ce régime, on est guéri.

Diarrhée. — Observez la diète la plus complète pendant 24 heures, buvez le moins possible et prenez des lavements dans lesquels vous ajouterez quelques gouttes de Laudanum ou mieux encore faites bouillir une tête de pavot dans votre liquide.

Brûlures. — On cicatrice les brûlures par l'application des corps gras, ou de la gelée de groseille, le coton cardé donne les mêmes résultats. On en obtient de plus efficaces avec un onguent fabriqué de la façon suivante : prenez une pincée de pépins de coings que vous faites bouillir pendant une heure dans un demi-verre d'eau, mélangez ensuite par parties égales avec du saindoux le plus frais possible et ajoutez un peu de camphre, étendez cette pommade sur une carde de coton que vous appliquez sur la brûlure et renouvelez le pansement tous les 24 heures.

Quand les brûlures sont considérables il est indispensable sinon de se mettre à la diète, au moins de ne prendre que des aliments légers pendant tout le traitement.

Anémie. — Fréquentes dans les villes où l'air plus ou moins vicié ne permet pas aux organes générateurs du sang, de fonctionner en toute liberté; ces affections ainsi que la chlorose et les pâles couleurs, sont combattues avec plus ou moins de succès par les ferrugineux.

Parmi les préparations de ce genre, celles qui conviennent le mieux à tous les tempéraments et que leur emploi facile recommandent tout particulièrement, sont les pilules du Docteur Blaud, que les sommités médicales ont proclamé les meilleurs antichlorotiques.

La confiance qu'accordent aux véritables pilules de Blaud la plupart des médecins repose :

1º Sur la complète inaltérabilité du proto-sel de fer qui fait la base de ces Pilules ;

2º Sur la modicité de leur prix qui est de moitié moins élevé que celui des autres ferrugineux ;

3º Et enfin, sur leur action constante et énergique pour guérir l'anémie, la chlorose (Pâles couleurs), maladie des jeunes filles et généralement toutes les affections chlorotiques où le fer est indiqué. Ce qui a valu à ce médicament l'honneur d'être inscrit au nouveau Codex.

Chaque pilule porte le nom de l'inventeur.

Gerçure des lèvres et des mains. — La pommade de concombre, la pommade rosat, le cold cream suffisent ordinairement pour calmer la cuisson des gerçures, mais elles ne les guérissent pas. Le meilleur moyen, pour ne pas dire le seul connu jusqu'à présent, est l'emploi du cosmétique au raisin, inventé par M. Pierlot qui, non-seulement, guérit les gerçures, mais en prévient le retour en donnant aux lèvres leur fraîcheur et leur coloration naturelles. Ce Cosmétique, dont l'absorption est sans inconvénients, se trouve chez tous les pharmaciens et parfumeurs.

Meurtrissures. — Prenez une poignée de pulmonaire de chêne bien sèche, brisez-la en morceaux les plus petits que vous pourrez, délayez cette poudre grossière dans deux blancs d'œufs; battez pour bien mélanger les substances, étendez ensuite sur de la charpie ou un tampon de chanvre et appliquez sur la partie meurtrie, elle sera promptement guérie.

Écorchures. — Graissez les places avec le mélange suivant : une cuillerée d'huile d'olive, un jaune d'œuf et une cuillerée d'eau-de-vie, le tout bien battu, et recouvrez ensuite avec de la ouate.

Coupures. — Après avoir bien lavé la plaie avec de l'eau très-légèrement salée, on en rapproche les lèvres que l'on soude avec du taffetas d'Angleterre ou du dyachilum ou mieux encore en appliquant la petite peau blanche qui se trouve dans l'intérieur des coquilles d'œufs.

Engelures ordinaires. — Faites à l'eau froide un cataplasme de farine de moutarde noire, appliquez-le entre deux mousselines pendant 20 à 30 minutes sur la partie démangeante, renouvelez ce traitement chaque soir jusqu'à flétrissure des engelures ; le plus souvent deux ou trois jours suffisent.

Engelures ulcérées avec pertes de substance. — On peut les guérir en les pansant matin et soir avec de la ouate sèche en poil ; mais le moyen le plus prompt, est de faire dissoudre 8 grammes de camphre pulvérisé, dans 32 grammes de baume noir du Pérou, et d'en frotter tous les soirs la partie malade, bien chauffer préalablement, les engelures en suppuration ne résistent pas une semaine à ce traitement.

Panaris. — On peut guérir un panaris en un jour, mais il faut s'y prendre à temps, sitôt qu'on ressent au doigt des battements douloureux, qu'on y remarque des symptômes d'inflammation interne, il faut appliquer dessus, à nu, un cataplasme d'onguent mercuriel. Le lendemain, le panaris est avorté. On peut remplacer l'effet de l'onguent mercuriel en introduisant le doigt malade dans un œuf frais et en l'y laissant toute la nuit comme dans un cataplasme.

Cors aux pieds. — Tout le monde vous dira : prenez des bains de pieds et taillez vos cors, soit, mais ce n'est pas guérir, c'est entretenir ; toutes les limes plus ou moins chimiques, ne donnent pas de meilleurs résultats. Il y a cependant un remède contre les cors, c'est un baume merveilleux, inventé par un médecin-major, et qui guérit immédiatement sans inconvénients, sans douleur et pour toujours, tous les cors, oignons, durillons, œils de perdrix. Ce spécifique se trouve chez l'inventeur, M. Obin, retraité, 8, boulevard Montmartre, au prix de 1 fr. 50 la boîte avec l'instruction ; on peut en recevoir par la poste en envoyant 2 fr. en timbre ou en mandat.

Verrues. — Enduisez les matins et soirs avec du savon noir. — Ou mieux encore, prenez un gros oignon blanc, creusez-le par le milieu et remplissez le trou de sel gris que vous laissez fondre de lui-même, puis avec cette saumure frottez vos verrues matin et soir en ayant le soin de couper au fur et à mesure les parties mortes. Elles seront guéries rapidement.

Goutte. — Un accès de goutte se guérit en 24 heures. Par l'application à nu sur le point douloureux d'un morceau de peau de mouton souple, et enduite du côté de la chair, de la pommade suivante :

Faites fondre sur un feu doux et par parties égales de cire jaune bien pure, de suif de mouton frais et d'essence de thérébentine.

Douleurs rhumatismales. — Prenez les feuilles les plus externes, d'un chou rouge, autant que possible coupez les parties saillantes des nervures, superposez en trois ou quatre. Cousez-les ensemble, puis présentez-les devant le feu pour les flétrir un peu ; appliquez ensuite ce cataplasme à nu, sur les parties malades, et les articulations gonflées, renouvelez ce traitement matin et soir, la guérison ne se fera pas attendre longtemps.

Maladies nerveuses. — On se guérit d'une migraine, d'une irritation de nerfs quelconque engendrant l'insomnie, les étourdissements, les vertiges, les attaques de nerfs, le délire, transports au cerveau, voire même les maladies de la moelle épinière, par l'emploi du sirop au bromure de potassium, de M. Mure, pharmacien de Pont-Saint-Esprit, que l'on trouve dans toutes les bonnes pharmacies de France ; mais avoir bien soin de demander du sirop de *Mure*, car si celui-là a fait ses preuves, on ne peut pas répondre des contrefaçons.

Calvitie. — La calvitie n'est pas une maladie, dira-t-on, c'est bien pis, c'est une infirmité, qui peut occasionner un trop grand nombre d'affections, aigues et chroniques pour qu'on dédaigne de s'en guérir. — Le moyen est si simple depuis que le chimiste Muller qui a été honoré pour cela de récompenses nationales, a découvert la **Capilleine**, véritable sève vitale, consacrée par la science pour déterminer la repousse certaine des cheveux jusqu'à plus de 50 ans.

La capilleine, lotion absolument hygiénique est composée de façon à empêcher la chute des

cheveux en détruisant les pélicules... naturellement elle les nourrit assez pour les empêcher de
blanchir, elle excite également la croissance rapide
de la barbe.

Cette eau merveilleuse dont les preuves ne sont
plus à faire, se trouve, au prix de 10 fr. le flacon,
chez l'inventeur, Maison L. Muller, 30, faubourg
Montmartre.

Ver solitaire. — Prenez le matin à jeun, et
ayant peu mangé la veille, deux onces de racine de
fougère mâle, en poudre délayée dans un grand
verre d'eau, deux heures après, quand le remède
commencera à faire son effet, prenez une tasse de
thé dans laquelle vous mettrez une cuillerée d'huile
de ricin. — Renouvelez cette boisson de demi heure
en demi heure, jusqu'à ce que le ver soit sorti.

Tours de reins. — Si vous êtes à jeun au
moment de l'accident, prenez immédiatement vingt-
cinq à trente gouttes de la liqueur suivante dans
un demi verre de vin : sulfate de zinc, 4 grammes,
de sulfate de cuivre, 4 grammes, camphre 5 grammes et safran 2 centigrammes ; (ces deux dernières
substances, triturées dans 125 grammes d'eau),
mélangez bien vos deux sulfates liquides avec votre
trituration et filtrez le tout sur le papier, avant de
verser dans votre vin.

Si votre digestion n'était pas faite au moment de
l'accident, attendez au soir pour prendre la liqueur
au moment de vous mettre au lit.

Saignement de nez. — Lorsque le saigne-ment de nez se prolonge trop, il est important de l'arrêter, il y a pour cela un moyen plus simple et plus efficace que la clef dans le dos, il suffit de boucher la narine qui saigne et d'élever en l'air le bras correspondant.

LES VENDANGES

On aura beau faire, il faudra toujours que les riches boivent la sueur du pauvre monde.

LES VENDANGES

Ah ! Schoking, ce ne sont pourtant pas les feuilles de vigne qui manquent.

LES HEURES AUX QUATRE COINS DU GLOBE

Voici un relevé précis sur les heures des quatre parties du monde :

Nous prenons comme terme de comparaison midi à Paris, à la Bourse il est :

Quand les douze coups de l'horloge tintent au palais de la finance.

A Oran (Algérie), midi moins onze minutes.

A Port-Louis, trois heures quarante minutes du soir.

A Londres, midi moins onze minutes.

A Douvres, midi moins 40 minutes.

A Bruxelles, midi moins sept minutes.

A Amsterdam, midi moins dix minutes.

A Constantinople, une heure quarant-cinq minutes du soir.

A Athènes, une heure vingt-cinq minutes du soir.

A Saint-Pétersbourg, une heure cinquante-trois minutes du soir.

A Varsovie, une heure quinze minutes du soir.

A Vienne, midi cinquante-quatre minutes.

A Ekaternienbourg, quatre heures moins six minutes du soir.

A Stockolm, une heure trois minutes du soir.

A Copenhague, midi quarante minutes du soir.

A Berlin, midi quarante-cinq minutes.

A Munich, midi moins trente-cinq minutes.

A Ferrare (Italie), midi trente-sept minutes.

A Genève, midi quinze minutes.

(Asie). — A Chandernagor, une heure quarante-cinq minutes du soir.

A l'île de Chypre, deux heures neuf minutes du soir.

(Amérique du Sud). — A Rio-de-Janeiro, neuf heures moins deux minutes du matin.

A Santa-Fé-de-Bogota, sept heures moins six minutes du matin.

(Amérique du Nord). — A Montréal (Canada), sept heures moins trois minutes du matin.

A New-York, sept heures moins cinq minutes du matin.

(Océanie). — Aux îles Banks (le pain de sucre), onze heures une minute du soir.

(Nouveau-Monde). — A Batavia (Java), sept heures moins deux minutes du soir.

RELATIONS UTILES A POSSÉDER

—

Il est intéressant, pour le propriétaire de province, de connaître, à Paris, une maison à laquelle il puisse s'adresser, soit pour des opérations foncières, soit industrielles.

Combien de bonnes idées restent sans voir le jour, combien de capitaux dorment en les attendant, voilà ce que malheureusement on ignore, et cela au détriment de la prospérité de certaines contrées.

Or, ce vide existant, est comblé aujourd'hui par une Société formée à Paris depuis plusieurs années, et dont la prospérité ascendante est une preuve que ses services ont été appréciés et utilisés.

En effet. Le Comptoir des Cultivateurs, dont le siège est 26 rue Cadet, a pour objet principalement :

1° De fournir aux cultivateurs les meilleurs engrais reconnus ou approuvés, les instruments agricoles les plus perfectionnés, machines, ustensiles qui peuvent leur être nécessaires, matériels d'usines annexés à l'agriculture, graines, semences, animaux producteurs de tous pays, tous les produits du sol, céréales, vins, etc.

Le but du Comptoir est, d'une part, d'éclairer l'acheteur d'une manière tout à fait impartiale sur les divers articles sus-indiqués entre lesquels il peut avoir à choisir ; de l'autre, de lui fournir et livrer tous les instruments, machines, appareils, produits de toute nature, quels qu'ils soient, aux prix de fabrique justifié, au même prix que l'acheteur les payerait lui-même s'il connaissait les lieux de production.

2° De faciliter l'écoulement des produits de la culture par toutes les opérations de commission et de courtage sur la place de Paris : grains, fourrages, chanvres, lins, sucres, huiles, fruits, laines, soies, coupes de bois, commission, consignation ;

3º De négocier la vente et la location de toutes propriétés rurales, fermes, bois, prairies, domaines, châteaux, fabriques, usines, industries ; vente en détail de propriétés rurales par la centralisation des offres et des demandes et par le concours des nombreux agents correspondants ;

4° *D'encaisser et négocier* par lui-même ou pour ses correspondants tout papier commercial ayant une origine agricole ;

5° *De réaliser tout emprunt* hypothécaire sur biens ruraux pour constructions, drainage, installation d'usines ;

6° *Des propriétés foncières*, de leur mise en culture, aménagement des bois, expertises, administration, comptabilité permanente des propriétaires, confection de plans et livres fonciers de bien ruraux, arpentage, bornage, division et partage de propriétés, procès-verbaux, plans géométriques, géologiques, agronomiques et assolements ;

7° Travaux d'architecture rurale, plans, devis, restaurations, dessins et plantations de parcs et jardins ;

8º Travaux hydrauliques, irrigations, drainage, élévations, conduites et réserves des eaux, assainissement, dessèchement, création de sources artificielles, recherches et utilisation des sources ;

9º Industries diverses, plans, devis, installations, sucrerie, distillerie, huilerie, meunerie, amidonnerie, féculerie, brasserie, briqueterie, drainage, etc.

Le Comptoir des Cultivateurs a pour organe *le Cultivateur*, journal non politique, puraissant une fois par semaine.

Les conditions de chacune des opérations sus-indiquées sont communiquées à toute personne qui en fait la demande par lettre affranchie au Directeur du Comptoir des Cultivateurs, 26, rue Cadet. Paris.

LE TUNNEL ANGLO-FRANÇAIS

Le projet de construction du tunnel entre la France et l'Angleterre est entré dans la phase pratique.

Voici à ce sujet des renseignements précis.

Les capitalistes et experts, qui ont mis en avant cette gigantesque entreprise, demandent une concession de trente ans au lieu de quatre-vingt-dix-neuf généralement accordée aux compagnies de chemins de fer, et ne sollicitent ni garantie, ni subvention. En outre, ils sont prêts à verser une somme de quatre millions, reconnue nécessaire aux premières études. Le projet en question consiste à immerger un tube sur les deux rives française et anglaise et à creuser des galeries longues de deux kilomètres à partir de leur extrémité. Les résultats de ce travail ne laissent aucun doute. L'âme de l'entreprise, avec MM. Michel Chevalier, Léon Say et Rothschild, est M. Lavalley, l'ingénieur qui a surmonté les plus grandes difficultés du canal de Suez et sans lequel ce travail gigantesque ne se serait peut-être point accompli. M. Lavalley estime à 150 millions le coût de ce travail ; les ingénieurs anglais croient qu'il reviendra à 250 millions. Il émet l'idée que ce travail devrait être construit moitié par la France, moitié par l'Angleterre, et que, pour engager ces deux pays à pousser cette œuvre énergiquement, on devrait stipuler un boni pour celle qui aurait travaillé plus vite.

Les 4 millions formant le capital préliminaire sont presque entièrement souscrits, dit-on. Le chemin de fer du nord français s'engage pour 1 million, les deux compagnies de Londres à Douvres pour 1 million, M. de Rothschild pour 500,000 fr. On espère que le baron Lionel de Rothschild souscrira pour la même somme. M. Ferdinand Duval offre 50,000 fr. pour la ville de Paris, MM. Léon Say, Chevallier et Lavalley se sont engagés chacun pour 25,000 fr. Il est certain que, des deux côtés du détroit, beaucoup de personnes contribueront pour une somme plus ou moins forte au versement du capital nécessaire. Il suffirait d'un peu de bonne volonté de l'administration française et d'un léger changement d'idées du Parlement anglais en ce qui concerne le monopole et la concurrence, pour nous donner en cinq ans une communication directe entre Paris et Londres.

NOUVELLE SCIENTIFIQUE

Un télescope qui coûtera cinq millions de francs est en construction en Californie.

Avec ce télescope, qui sera installé à une prodigieuse hauteur au-dessus du niveau de lamer avec des observateurs savants et habiles, enfin avec les méthodes perfectionnées qui lui seront appliquées, on espère bientôt voir poindre le jour où les problèmes de la création s'abaisseront à la portée de nos mains.

Pour arriver à construire une lentille de dimension hors ligne, on devra se livrer à des expériences nouvelles sur la composition du cristal propre à la construction des instruments d'astronomie. Cet objectif aurait 4 mètres de diamètre avec une longueur d'au moins 40 mètres, et pourrait grossir 28,000 fois.

Les planètes, vues dans un pareil instrument, changeraient assurèment d'aspect, car leurs dimensions deviendraient extraordinaires.

Le problème de la constitution des anneaux de Saturne pourrait être résolu : on peut en dire autant de Jupiter et de ses satellites, des planètes intramercurelles, etc. Et la lune ? Un tel instrument nous la montrerait à trois lieues de nous. On serait bien près de voir si notre satellite a des habitants.

Dans tous les cas, ce que l'on verrait positivement, ce sont tous les phénomènes volcaniques et géologiques qui ont été l'objet de savantes discussions.

LE DERNIER JOUR

D'UN CONDAMNÉ

La Roche Tarpéienne est près du Capitole.

LES POMPES EN AGRICULTURE.

Un des instruments qui manquent le plus dans la généralité des exploitations agricoles, c'est la pompe d'arrosage. Il est impossible de calculer les dommages de toute nature qui résultent de cette privation. Les jardins sont insuffisamment arrosés en été. Les purins sont perdus au lieu d'être rejetés sur les fumiers. Trop souvent un incendie, qui eût pu être arrêté au début avec une pompe, dévore des bâtiments ou des récoltes valant cent fois, mille fois, le prix qu'eût coûté cet instrument. Enfin la pompe ambulante est un instrument nécessaire au cultivateur qui produit du vin ou du cidre, pour ses soutirages. Inutile d'ajouter qu'une bonne pompe d'arrosage est propre aussi aux soutirages et à l'extinction d'un commencement d'incendie, si elle peut projeter l'eau à 10 ou 12 mètres de hauteur.

Pour la pompe à soutirage, il est une condition spéciale à rechercher : c'est que cette pompe produise un flot continu et sans clapotement, pour ne pas troubler la limpidité des liquides.

Parmi les pompes qui réunissent au plus haut degré cette condition aux autres mérites de cet instrument, on a distingué dans les concours de 1875, les pompes rotatives de MM. Moret et Broquet, de Paris. Ces pompes se font remarquer, en outre, par un organisme d'une simplicité exceptionnelle, qui permet de les établir à bon marché et dont la solidité est telle qu'elles n'ont jamais besoin de réparations, condition précieuse pour les habitants des campagnes et trop rare jusqu'ici dans les pompes.

Cette qualité s'explique par l'organisme des pompes Moret et Broquet, qui consiste en deux engrenages s'emboîtant les uns dans les autres, et contenus dans une boîte hermétiquemen fermée. La rotation rapide de ces deux pièces produit une force merveilleuse d'aspiration et de projection. Donc, point de pistons ni de clapets. On le voit, il est impossible de concevoir un appareil plus simple, plus solide et d'une action plus énergique.

De là, les récompenses décernées aux pompes Moret et Broquet dans les concours de l'année 1875.

Il nous paraît difficile de pousser plus loin la perfection dans la fabrication des pompes à divers usages.

A BON CHAT, BON RAT

Un chat, mauvais sujet dont l'âme pervertie
N'avait jamais aimé, se prit de sympathie
 Pour une jeune souris.
Le fait est merveilleux ! à peine y peut-on croire !
Cependant on en voit de plus forts dans l'histoire
 Dont personne n'est surpris.
Pour un mot, un regard de son amour falote,
Il fut devenu *rat*, impotent, sans culotte,
 Il eût souffert tous les maux.
Bien mieux au cœur des chats qu'au cœur des autres hommes,
La passion fermente. (On prétend que nous sommes

Les plus froid des animaux.)
Mais l'œil américain du coureur de gouttière
Jusqu'ici n'avait pu qu'à travers la chattière
Atteindre au fruit défendu.

Espérant le croquer, notre nouveau Tantale,
Jour et nuit demeurait sans coussin, sur la dalle,
Près de sa chambre étendu.
Plus de ronron vainqueur, ni de queue en panache ;
Sa fourrure est inculte ; et même il ne s'attache
Plus à noircir le poil blanc.
— « Le pauvre chat déteint ! » dit la souris émue
En voyant par un trou le corps voûté, la mue,

Le mauvais teint du galant.

— « Aussi bien c'est ma faute, à ce point si tu changes !
J'ai trop fermé l'oreille à toutes les louanges
      Que m'attire ma beauté. »
Qu'on soit femme ou souris, on est toujours flattée
D'un amour si profond, que l'on se sent tentée
      De faire la charité.
Notre ingénue allait, dans sa brave innocense,

Introduire Mitis guettant la récompense
   De ses soupirs, quand, hélas !
La soubrette intervint ; fille d'expérience,
Ancien rat d'opéra, transfuge de la danse
   Depuis un certain faux pas...
—« Qu'alliez-vous faire ô Dieu !»—« Recevoir son hommage.
« C'est sans danger ! vois, comme il est courbé par l'âge ;
   Ma bonne, il n'a plus de dents. »
— « Chez l'homme et chez le chat, les vieux sont les plus
         [tendres.
« Gardez-vous d'un volcan enterré sous les cendres.
   J'en sais long à mes dépens. »
Grosjean comme devant, le Chat mis à la porte,
Qui passait cependant pour une tête forte,
   Suivit un autre chemin.
Maudissant en secret la soubrette importune,
Il comprend qu'elle peut donner à sa fortune
   Un favorable destin.
L'attaquer par son faible (à ses yeux une fille
En a tant) que là n'est pas le point difficile,
   Mais encore faut-il choisir ?
— « Une bonne souris, sans nul doute est gourmande,
Se dit Maître Mitis, il suffit d'une amande
   D'un biscuit pour l'adoucir. »
Vite en deux tours de main, sous la porte il lui glisse
L'appât adroitement enlevé d'une office
   Dont jadis il fut chassé.
La soubrette a l'œil vif. D'abord elle s'amuse
Des soupirs du Mitis ; mais craignant une ruse
   Son plan est bientôt dressé.
C'était ingénieux. D'une telle cervelle
Seule, soit dit tout bas, parmi la gent femelle

Pouvait sortir pareil tour.
La machine trouvée, avec un air candide,
Aux bonbons du galant, notre rat se décide
          Enfin à faire sa cour.
Pour la jeune souris, cœur simple et sans malice,
Elle n'entendait rien au bizarre artifice
          Que sa bonne organisait.
— « Mais pourquoi ce réseau? tout bas lui disait-elle,

« Au milieu du boudoir cette longue ficelle,
    Puis au plafond ce lacet ? »
— « Attendez ! » répondit notre suivante ; et preste,

Ayant de son beau temps retrouvé le pas leste,
    Et mis son nez au miroir,
Vers Mitis elle accourt d'un petit air aimable :
— « Ma Maîtresse aujourd'hui vous convie à sa table ;
    Votre devise est espoir ! »
A ces mots, le barbon voulant donner carrière
A sa joie, entr'ouvrait les bras à la courrière,
    Prudente, elle se tint coi.

— « Je suis votre servante! oh! de cette monnaie,
Apprenez, seigneur Chat, que jamais on ne paie
    Les soubrettes comme moi. »
Puis elle fit entrer Mitis dans la chambrette
D'où la jeune souris de son œil noir lui jette
    Le plus gracieux bonjour.

L'amoureux à sa vue est transporté : Que dis-je ?
Des pieds jusqu'à la barbe il éprouve un vertige
    De gourmandise... ou d'amour.
Soudain dans son palais ses fausses dents croquillent
Sa langue fait lip-lap. Dans l'obscurité brillent,
    Comme deux charbons, ses yeux.
— « Ventre-Saint-Gris! dit-il, à moi, jeune Caillette!
Je te tiens sous ma griffe et malgré ta soubrette,
    Je vous aurai toutes deux! »

Aussitôt il étend sa patte sur la belle
Mais patatras! son col passé dans la ficelle,

Au ciel le tient suspendu.....

Trop souvent un vieillard d'une amoureuse envie
Ecoutant les transports, a payé de sa vie
Le goût du fruit défendu.

Alphonse GROZ.

DU CHOIX

DES

MACHINES A COUDRE

On est quelquefois très-embarassé pour l'achat d'une machine à coudre est l'on hésite souvent à prendre le système qui vous séduit parce qu'on n'est pas certain qu'il vous rendra les services qu'on en attend, et qu'on a peur de ne pas trouver sous sa main, d'ouvrier capable de la réparer au besoin.

Pour éviter cet inconvénient, il ne faut pas acheter de machines par courtier, il faut aller chez un mécanicien fabriquant lui-même, montant réglant, et réparant n'importe quel système, et assez consciencieux pour guider le choix de l'acheteur, en l'éclairant sur les ressources et inconvénients de chacun d'eux.

La maison **Robert Ritter**, 33, boulevard de la Villette, inventeur de divers modèles très-appréciés, réunit à tous ces avantages celui d'habiter un quartier où les frais généraux sont très-réduits, ce qui lui permet de livrer toutes machines à coudre *garanties*, à 10 pour cent meilleur marché, bien qu'aux mêmes conditions de crédit, que dans l'intérieur de Paris.

Cela vaut vraiment la peine de se déranger.

EMPLOI DU TEMPS

Pour les Étrangers

Visiter le nez de M. Hyacinthe, une des curiosités du Paris moderne.

Demander des billets de faveur au bureau de location du Théâtre du Palais-Royal.

RENSEIGNEMENTS AGRICOLES

Pourquoi tuer les araignées ailleurs que dans les appartements, puisqu'elles détruisent les mouches qui nous importunent ?

Pourquoi mettre le pied sur ce joli grillet ou grab doré, qui, dans nos jardins, fait la guerre aux limaces, aux chenilles, aux hannetons, qu'il mange ?

Pourquoi tuer la couleuvre non venimeuse, qui vit de mulots et de souris ? Elle n'a jamais mordu personne.

Pourquoi tuer le petit inoffensif, qui croque les sauterelles ?

Pourquoi détruire le coucou, dont la nourriture est la chenille, à laquelle nous ne pouvons toucher sans inconvénient ?

Pouquoi tuer le grimpereau et dénicher la fauvette, ennemis du cloporte et des guêpes ?

Pourquoi faire la guerre aux moineaux, qui ne mangent un peu de grain qu'à défaut d'insectes et qui exterminent par choix les animaux nuisibles aux grains ?

Pourquoi brûler de la poudre contre les étourneaux, qui passent leur vie à manger des larves et à épucer jusqu'à nos bestiaux, dans les prés ?

Pourquoi prendre au piège les mésanges, dont chaque couple prend cent mille vers et insectes, en moyenne, pour élever ses petits ?

Pourquoi tuer la musaraigne, qui vit d'insectes, comme la souris vit de blé ?

Pourquoi dire que la chouette mange les pigeons et les jeunes poulets, puisque cela n'est pas vrai ? Pourquoi la détruire, puisqu'elle fait la besogne de six ou huit chats, en mangeant au moins 6,000 souris par an ?

*
* *

Pourquoi sauver la vie à des milliers de cousins, en détruisant l'engoulevent ou crapaud-volant, qu'on nomme si sottement tête-chêvre ?

Pourquoi tuer la chauve-souris, qui fait aux papillons de nuit et aux hannetons la guerre des hirondelles aux moucherons ?

Pourquoi tuer le crapaud, qui mange des limaces, des hecmares et des fourmis ?

Pourquoi tuer la coccinelle (bête au bon Dieu), qui se nourrit de pucerons ?

7

*
* *

Conservation du gibier et de la viande de boucherie.

Le gibier se conserve pendant plusieurs jours, même dans les temps des plus fortes chaleurs, lorsqu'on a soin de l'envelopper d'un linge imbibé de parties égales d'acide pyroligneux et d'eau pure.

Quand on n'a pas cet acide à sa disposition, on a recours au procédé suivant que l'on peut facilement pratiquer : c'est de placer le gibier, lièvres, lapins, perdrix, etc., sans être dépouillé ni vidé dans des tonneaux remplis de blé, d'avoine, d'orge ou de millet, de manière qu'il en soit recouvert de quinze à dix-huit pouces, et qu'il ne touche ni le fond ni les parois de la futaille ; ont le retrouve au bout d'un mois dans un état de parfaite conservation.

*
* *

Destruction des altises ou puces de la terre et du puceron lanigère.

Le moyen de préserver les semis des choux contre les puces de terre, c'est de brûler quelques instants avant de semer, un peu de paille sur la surface du terrain.

Pour détruire le puceron lanigère qui se trouve

sur les pommiers, on fait dissoudre 4 kilogrammes de sulfure de potasse du commerce, dans 45 litres d'eau bouillante, et pendant l'ébullition, ajouter 3 kilogrammes de fleurs de souffre en remuant ce mélange avec un bâton jusqu'à refroidissement, puis faire badigeonner à deux couches à l'aide d'un gros pinceau les arbres attaqués.

La même opération détruit l'oïdium de la vigne.

Terre employée comme litière

Mettre sous les animaux des terres très-sèches est un système excellent employé en Hollande. Il n'y a pas de meilleur engrais pour les terres : on économise la paille, le fumier est plus abondant et de meilleure qualité ; les terres sont amendées en même temps que fumées, et les étables sont toujours saines et exemptes d'exhalaisons ammoniacales.

Engraissage économique des veaux.

Dans une terrine couverte, mettre du foin fin haché menu, le fouler, remplir ensuite la terrine d'eau bouillante et la tenir bien close ; le quatrième jour, on ne laisse plus têter le veau et on mêle cette infusion qui peut se garder au moins deux jours pour un tiers dans deux tiers de lait ; on diminue graduellement, et au bout de mois on n'y met plus qu'un quart de lait.

EMPLOI DU TEMPS

Pour les honnêtes Femmes

Emprunter la canne d'un ami pour battre son mari.

RECETTES MÉNAGÈRES

MANIÈRES D'ENLEVER LES TACHES

Taches d'eau. — Si l'étoffe est bon teint, les gouttes de pluie ne peuvent qu'enlever par places l'apprêt qui donne le brillant à l'étoffe. Il n'y a alors d'autre remède que de l'enlever uniformément en la *décatissant*, soit en l'exposant à l'humidité pendant deux ou trois jours dans une cave, soit en la soumettant à l'action de la vapeur d'eau.

Si l'étoffe est mauvais teint, il faut la plonger dans l'eau pour affaiblir la couleur d'une manière uniforme et faire ainsi disparaître les taches.

Taches de graisse. — Sur les tissus blancs, de coton, de chanvre ou de lin, les taches grasses s'enlèvent facilement par une forte lessive, ou même avec du savon ; mais ces moyens ne peuvent être employés pour les tissus colorés. On a recours à différents liquides capables de dissoudre les corps gras sans attaquer la couleur.

La *Benzine*, l'*huile de Napthe*, l'*Essence de térébenthine*, l'*éther* même donnent ces résultats à la condition d'être employés aussi purs que possible. Leur seul inconvénient est de laisser une odeur désagréable qu'il est très-facile de faire disparaître par un lavage à l'esprit de vin.

Taches d'huile. — Les taches récentes s'enlèvent facilement au moyen d'une bouillie de terre de pipe ou d'argile blanche qu'on étend dessus et qu'on y laisse sécher.

Si la tache est ancienne, on la détrempe avec de l'Essence de térébenthine, puis on la recouvre de terre de pipe réduite en poudre bien sèche qui absorbe en même temps et la tache et l'essence.

Taches de peinture. — On les enlève aisément avec de l'Essence de térébenthine. On lave ensuite l'étoffe avec de l'esprit de vin pour enlever l'odeur de l'essence.

Taches de vernis, de résine. — Les taches de vernis ne résistent pas à un lavage à l'alcool.

Taches de bougie. — La méthode si connue du repassage à chaud sous une feuille de papier buvard est presque toujours incomplète. La tache, d'abord dissimulée, reparaît au bout de quelques jours. Le meilleur moyen est de gratter soigneusement la bougie, brosser ensuite, puis laver avec de l'esprit de vin bien pur.

Taches de cambouis. — Les taches provenant du cambouis s'enlèvent quelquefois à la benzine, mais comme le cambouis contient du fer, il est bon de les traiter comme les taches de rouille.

Taches de rouille. — Sur les tissus blancs, les taches de rouille disparaissent avec du sel d'oseille mieux encore avec de l'acide oxalique qu'on réduit en poudre et dont on recouvre la tache qu'on a eu soin de mouiller. On frotte entre les doigts et on lave à grande eau ; pour aider à l'action de l'acide. il est bon de placer sous la tache une cuiller d'étain ou une feuille d'étain à chocolat.

Mais, pour les étoffes imprimées, il faut employer de l'acide muriatique qui n'attaque qu'un petit nombre de couleurs. Ainsi, il rougit les noirs, les gris, les bleus et les violets, mais on ramène facilement ces nuances à leurs teintes primitives en lavant l'étoffe avec de l'eau étendue d'alcali volatil.

Ce lavage est toujours indispensable sinon pour les couleurs, au moins pour l'étoffe, car l'acide chlorydrique renferme une quantité suffisante d'acide sulfurique pour mordre l'étoffe et remplacer toutes les taches par des trous.

Taches d'encre. — L'eau de Javelle faible enlève bien les taches d'encre, mais il faut renouveler l'opération à de nombreuses reprises, plutôt que d'employer de l'eau de Javelle trop forte, qui attaquerait les tissus, le meilleur moyen est encore l'acide oxalique.

Taches d'acides et d'alcalis. —Les acides, vinaigres, jus de citrons, altèrent un grand nombre de couleurs ; on peut les rétablir facilement par un lavage à l'eau de savon, ou mieux à l'eau étendue d'alcali volatil.

Réciproquement, les couleurs détruites par l'eau de savon ou les alcalins, tels que la potasse, la soude, l'ammoniaque et la chaux, reviennent parfaitement par un lavage au vinaigre ou à l'acide sulfurique très-étendu d'eau.

Exception sera faite pour le bleu de Prusse, qui ne se restaure que si la tache est traitée immédiatement.

Taches de fruits, de vin, de liqueurs, confitures. — Mouillez l'étoffe tachée avec de l'eau, et exposez-là à l'action de l'acide sulfureux produit en brûlant du souffre ou seulement des allumettes souffrées. — Lavez à grande eau après cette opération.

DÉGRAISSAGE

L'ammoniaque pure ou étendue d'eau suffit généralement pour le dégraissage des draps de couleur foncée.

Pour les étoffes de laine et de cachemire, les châles, etc., on emploie avec succès une décoction chaude de saponaire. L'étoffe doit ensuite être rincée à grande eau et passée dans une eau légèrement ment acidulée avec du vinaigre.

Les gants se nettoient facilement avec la benzine. Il vaut cependant mieux employer la poudre de savon dont on recouvre un morceau de flanelle légèrement mouillée que l'on frotte ensuite sur les gants.

Les indiennes vertes et les étoffes imprimées petit teint, se nettoient parfaitement avec du fiel de bœuf, à la condition qu'il soit très-frais.

Le satin blanc se remet à neuf en le frottant avec une brosse de flanelle enduite de craie blanche en poudre très-fine et très-sèche. — L'opération terminée, on secoue et l'on brosse l'étoffe pour enlever la craie.

Les taffetas, étoffes de soies blanches ou de couleurs, se nettoient parfaitement par le procédé suivant.

Délayez à chaud et au bain-marie autant de miel que de savon mou (savon de potasse, savon vert) dans de l'eau-de-vie, puis étendez l'étoffe sur une table et frottez-la avec une éponge, une brosse ou même un tampon de flanelle enduites de la composition indiquée, passez ensuite l'étoffe dans une terrine pleine d'eau, sans la froisser, rincez dans une seconde eau (pour la soie blanche, une eau de bleu assez légère). Repassez ensuite votre étoffe encore humide entre deux linges, avec un fer médiocrement chaud.

Le même procédé peut être employé pour la dentelle noire, en la trempant, avant le repassage, dans une eau de gomme légère, qui lui donne de la fermeté.

Il est à remarquer que si l'on soumet la moire au nettoyage que nous avons indiqué pour les soies, il faut se résigner d'avance à la faire recylindrer, car tout le moiré s'en ira par les lavages.

EMPLOI DU TEMPS

Pour Messieurs les Gandins

Admirer une jeune grue nouvellement arrivée au jardin
d'acclimatation

BONS MOTS ET ANECDOTES

Le grand-duc... de Gérolstein a fait, cette année, son ouverture... de chasse et à grand orchestre, encore. Cela tient à ce qu'ayant la vue très-basse, il est obligé de se faire accompagner par un grand dignitaire chargé d'annoncer le résultat de chacun de ses coups de fusils.

Il tire, pan, — un chevreuil, crie le veneur ; un autre grand dignitaire l'inscrit sur le livre de de chasse de Monseigneur.

Pan, — une mauviette ; — pan, — un lapin ; pan, — un chambellan ; pan, — une perdrix ; pan, — un enfant.

— C'est assez pour aujourd'hui, dit le grand duc, qui dépêche aussitôt son médecin.

Celui-ci, bien entendu, se précipite au secours du chambellan.

— A l'autre, à l'autre, docteur, des chambellans, j'en fais autant que je veux : mais des enfants... c'est une autre affaire.

M^llo G...., du théâtre... Chose recevait la dépêche suivante :

—« Si vous ne vous décidez pas à m'aimer, je me brûle la cervelle. »

— Laisse donc, lui dit la petite D...., il ne faut jamais s'inquiéter d'une dépêche ordinaire.

— Pourquoi donc ?

— Parce que c'est un composé de vains mots.

Une bonne annonce d'un journal de Berlin.

Un Monsieur qui doit quitter son appartement et qui est obligé de le remettre au propriétaire dans l'état où il l'a trouvé, demande à acheter 2,000 punaises vivantes.

S'adresser : Tauben Strasse, 15.

Savez-vous, disait M. Mézières, à son voisin de

fauteuil de l'Académie, pourquoi on ne met pas de fausses dents aux chevaux.

— Si je le savais, je ne serais pas ici.

— Eh bien ! c'est pour qu'ils ne mangent pas à deux rateliers.

Un mot de Commissaire.

Une dame ayant besoin de son ministère lui fait passer sa carte sur laquelle il lit : « Madame Vincent, porte Maillot.

Il la fait introduire et sitôt assise :

— Madame est artiste dramatique.

— Non, monsieur, mais pourquoi?

— Dame je lisais : porte maillot !

Dans la salle des Pas-Perdus.

On cause de l'acquittement par la cour d'assises

d'un individu qui était père de onze enfants.

— Sapristi, dit un de nos jolis porteurs de lorgnon, on en a pourtant envoyé à Poissy qui n'en avaient pas fait autant.

Un père de famille qui a plus d'amour-propre que Monsieur son fils... à l'égard des prix et couronnes qu'on est d'usage de distribuer aux collégiens dans les premiers jours d'août, a trouvé un truc qui mérite de passer à la postérité.

Vers le 15 juillet, il trouve moyen de faire une visite au maître de pension de son héritier, et lui tient à peu près ce langage : — Monsieur, je ne veux point de passe-droit pour mon fils ; mais s'il n'a pas de prix, c'est qu'il n'aura rien appris chez vous, et je serai forcé de le retirer de votre pension pour le mettre ailleurs.

Un Monsieur vient de trouver un moyen pour réaliser une économie de 170 mille francs sur le budget. Comme il n'a pas pris de brevet, apprenons aux populations que cette économie ne porte que sur l'Assemblée nationale.

En effet, les frais de l'éclairage de ladite assemblée étant de 170 mille francs par an... on pourrait les supprimer en n'envoyant à la Chambre que des députés éclairés.

*
* *

Ceci est de l'histoire.

On retire de la Seine le cadavre d'un enfant tout jeune qui paraissait y avoir séjourné 48 heures.

Un médecin qui se trouve là, fait remarquer sur les bras du pauvre petit les traces d'un récent vaccin.

— Peuh ! fait un pessimiste, cela ne l'a tout de même pas empêché de mourir.

*
* *

Une jolie femme, obsédée par la poursuite d'un gandin, le mène jusque chez un commissaire où elle dépose sa plainte.

— Pourquoi vous acharner après cette dame ? demande le magistrat.

— Pour établir mon état civil.

— Comment cela ?

— Dame ! du moment où je *suis* une jolie femme, je *suis* un jeune homme.

****

Un amateur de discours, lecteur assidu du *Journal Officiel*, trouvait que les ministres ne parlaient pas assez à l'Assemblée.

— Ne savez-vous pas, lui répondit un ami, que les affaires les mieux conduites sont celles qui se font dans le silence du cabinet.

****

Un rédacteur de l'*Univers* confessait, dans le bureau de la rédaction de son journal, qu'il était allé la veille au Théâtre-Français.

— Et qu'est-ce qu'on jouait, demanda le grand inquisiteur.

— Ma foi, il pleuvait si fort quand je suis entré, que je n'ai pas pu lire l'affiche.

****

On disait devant un Bohême, que M. Ambroise Thomas avait fait poser à la porte de son cabinet une sonnette qui donne le *la* naturel.

— Moi, j'aimerai mieux, répondit-il, une sonnette qui donnerait le *sol*, dut-elle n'en donner que dix mètres carrés par jour.

****

Bocquillon lit le *Bulletin français* dans la chambrée :

« Par décision ministérielle, la coiffe en toile ci-
« rée du shako vient d'être supprimée pour toute
« l'armée. »

— Vous entendez, fusilliers?

— Ils me font de la peine, répondit un cama-
rade, m'est avis que nos ministres ne savent plus
quoi faire.

La scène se passe dans le cabinet du secrétaire
du commissariat de police le plus voisin de Bullier.

Une jeune personne, notablement échelée et es-
cortée d'un garde municipal, répond aux questions
du secrétaire.

— Votre nom ?

— Héloïse Rillhaut.

— Rilleau, comment écrivez-vous cela ?

— L, H, A, U, T.

— C'est impossible, objecte le scribe qui connaît
son Littré et qui oublie que les noms-propres n'ont
pas d'orthographe.

— Mande pardon, intervient le municipal, puisque c'est pour cela que je l'ai arrêtée.

FABRIQUE DE MACHINES A COUDRE

DE TOUS SYSTÈMES

AUX ARMES D'ALSACE-LORRAINE

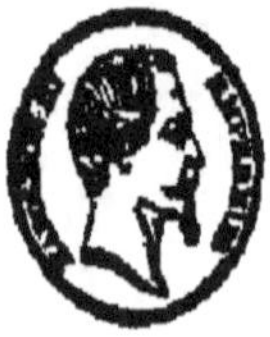

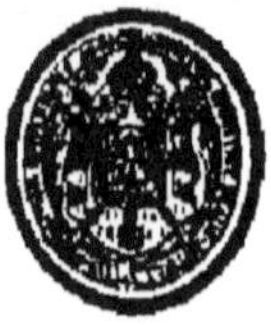

MAISON ROBERT RITTER

Constructeur-Mécanicien, Breveté S. G. D. G.

33, Boulevard de la Villette et rue de la Chopinette, 56

PARIS

Echange et reparation de tous systèmes, accessoires et fournitures.

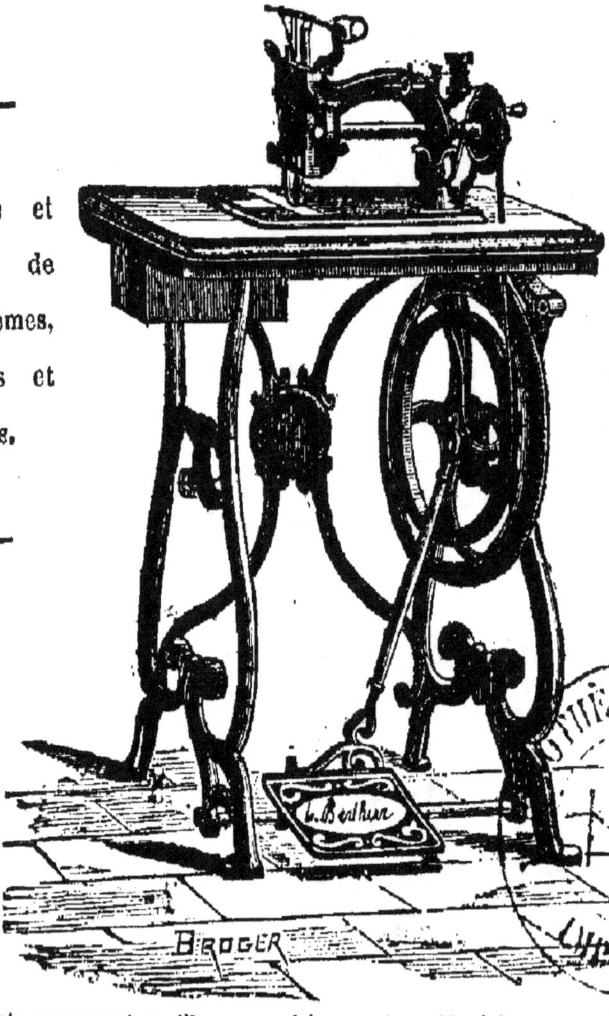

Vente et location de machines depuis 8 francs par mois.

Dix pour cent meilleur marché que dans l'intérieur de Paris
Forte remise au Comptant.

VALÉRIANATE

D'AMMONIAQUE

DE PIERLOT

MÉDICAMENT SPÉCIAL CONTRE LES AFFECTIONS NERVEUSES

L'Académie de médecine, en approuvant le Valérianate d'ammoniaque, a consacré les succès obtenus dans les hôpitaux de Paris à l'aide de ce médicament. D'un emploi plus sûr et plus agréableque la Valériane, le Valérianate d'ammoniaque de Pierlot constitue le meilleur rem de contre les Névralgies, l'Epilepsie, l'Hystérie, la Chorée, l'Insomnie, la Migraine, les Fièvres rebelles, en un mot, les Névroses des formes les plus variées.

Dose : une cuillerée à café, matin et soir, étendue dans un peu d'eau sucrée

AVIS IMPORTANT. — Il arrive souvent que les médecins conseillent le «Valérianate d'ammoniaque de Pierlot» sous forme de pilules. de capsules, etc., ces prescriptions inexécutables sont une source d'embarras pour le pharmacien et pour le malade. J'ai démontré à diverses reprises que le Valérianate d'ammoniaque solide ne peut exister en pharmacie ; d'un autre coté, la forme liquide ne se prête pas à ces modes d'administration.

D'autres fois on se borne à prescrire du Valérianate d'ammoniaque, sans autre désignation. Il en résulte que l'on emploie des substances bien différentes de ma préparation.

Je rappelle donc que le Valérianate d'ammoniaque de Pierlot, uniquement préparé au point de vue médical, n'existeque sous la forme liquide, et ne se délivre que dans des flacons revêtus d'une étiquette portant le cachet et la signature de l'inventeur.

Prix du flacon : 6 fr.
Se trouve dans toutes les bonnes pharmacies.

COSMÉTIQUE AU RAISIN POUR LES LÈVRES

Cette Pommade prévient et guérit les gerçures. — Son usage rend aux lèvres leur fraîcheur et leur coloration naturelles.

Le Cosmétique au Raisin n'est délivré que dans des boîtes à tiroir, scellées du cachet et de la signature de l'Inventeur.

Prix : 1 fr. 50 cent. la boîte.

Il se trouve dans toutes les pharmacies et les Magasins de parfumerie

J. PIERLOT, pharmacien.

à Paris

19, rue Madame, 19.

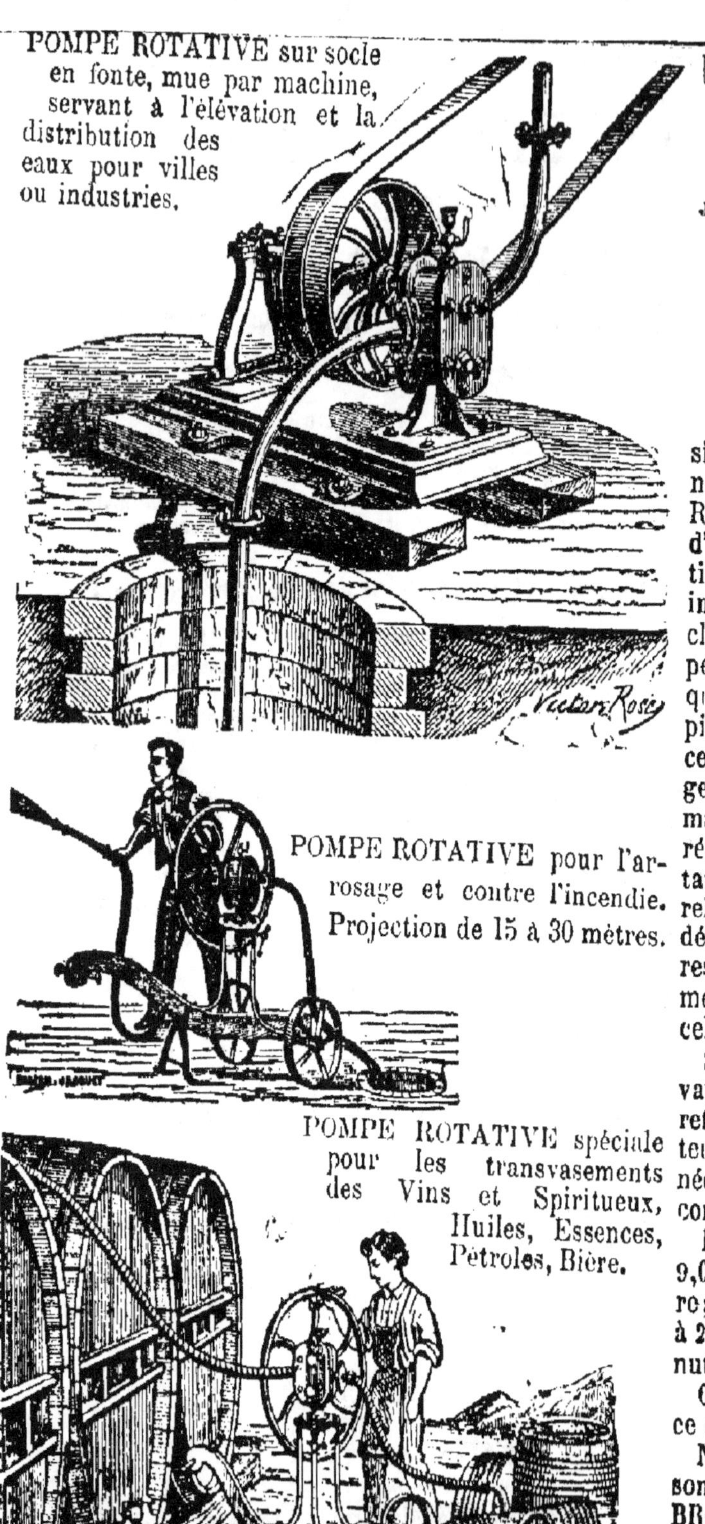

POMPE ROTATIVE sur socle en fonte, mue par machine, servant à l'élévation et la distribution des eaux pour villes ou industries.

POMPE ROTATIVE pour l'arrosage et contre l'incendie. Projection de 15 à 30 mètres.

POMPE ROTATIVE spéciale pour les transvasements des Vins et Spiritueux, Huiles, Essences, Pétroles, Bière.

USINE ET CONSTRUCTION

de

POMPES

J. Moret et Broquet

Brevetés

rue Oberkampf, 121,

PARIS

La solidité et la simplicité de cette nouvelle POMPE ROTATIVE mérite d'appeler l'attention ; son organe intérieur, sans classets ni soupapes, composé uniquement de deux pièces, jamais susceptible de déranger, lui donne une marche toujours régulière, et pourtant un rendement relativement considérable ; c'est du reste la plus estimée parmi toutes celles connues.

Son application varie à l'infini, elle refoule à des hauteurs indéterminées sans fatigue, comme sans usure.

Débit de 2,000 à 9,000 litres à l'heure ; vitesse de 50 à 200 tours par minute.

6 numéros de force différents.

NOTA. — La maison J. MORET et BROQUET construit les Pompes pour les puits de grande profondeur.

Envoi de prospectus.

CULTURE ÉCONOMIQUE

ENGRAIS LIQUIDE BOUTIN

1ᵉʳ Prix à l'Exposition universelle de 1867, décerné à M. le Chevalier
de Montreuil pour ses pêchers traités par cet engrais.

*Amélioration et Régénération des Semences de toutes sortes,
Blés et autres grains, Légumes, Fleurs, Plantes fourragères ou
d'agrément. Assainissement et guérison des vignes et
arbres à fruits.*

MANIÈRE D'EMPLOYER L'ENGRAIS LIQUIDE BOUTIN

Pour les céréales et toutes semences ou graines en général.

Il faut un litre d'Engrais pour un décalitre de semence ou dix litres
par hectolitre ; on met d'abord la semence dans un vase de bois ou de
terre (jamais de métal), si l'on opère sur de petites quantités ou sur un sol
dur et imperméable pour traiter les fortes parties de grains. On verse
peu à peu l'engrais sur la semence pendant qu'une personne ou deux
remuent bien la masse avec une pelle en bois, afin que chaque grain
soit entièrement imbibé d'Engrais. Il faut remuer de temps en temps
avec la pelle jusqu'à ce que tout l'Engrais soit absorbé, et alors on
peut semer le grain.

Pour les betteraves.

La graine doit tremper dans l'Engrais au moins trois jours, et il est
bon de ne la semer qu'un jour ou deux après.

Pour les tubercules, pommes de terre, topinambours, etc.

Il suffit de bien les humecter d'Engrais, et il faut les planter aussitôt
sans les couper. La quantité d'Engrais à employer par hectolitre de semence, varie d'un litre et demi à deux litres.

Pour la plantation des arbustes, vignes, etc.

Il faut bien tremper les racines dans l'Engrais et mettre en terre
aussitôt. Il faut très peu d'Engrais pour cette opération. Au bout de huit
jours, on doit arroser les plants avec un mélange de 1 litre d'Engrais
et 50 litres d'eau.

*Pour arroser les prairies, les gazons, les plantes
légumineuses ou d'agrément.*

On mélange vingt litres d'Engrais avec cinq hectolitres d'eau. Pour
les fleurs, un litre d'Engrais suffit pour 50 litres d'eau.

Pour les arbres ou vignes malades.

On emploie un litre d'Engrais avec vingt-cinq litres d'eau ; on dé-
chausse l'arbre jusqu'à ses premières racines pour bien les arroser du
liquide et on replace immédiatement la terre sur les racines. Pour la
vigne, on compose, avec ce mélange et de la cendre ou de la terre fine,
une sorte de mortier qu'on met par petites pelletées autour des racines
d'abord découvertes, et on replace la terre dessus. Lorsqu'on taille la
vigne, il faut mouiller les parties taillées avec de l'Engrais pur.

Observation très-importante. — L'Engrais Boutin peut être appliqué
à tous les besoins de l'Agriculture et du Jardinage. Il est inodore et
se conserve indéfiniment. — Il faut toujours, et n'importe pour quelle
opération, agiter fortement le liquide avant de le tirer du baril pour
s'en servir.

Plusieurs agronomes distingués, à la suite de nombreuses expériences, recommandent nécessairement une demi-fumure de fumier d'étable dans les terrains acides, ferrugineux et à sous-sol imperméables. Dans les terrains chauds, il est bien de faire un engrais vert, tel que lupin ou moutarde blanche, qu'on enfouit avec la charrue avant de semer les céréales. Lorsqu'on peut faire une demi-fumure, on emploie par hectolitres de semence seulement cinq litres d'Engrais Boutin mêlés à cinq litres d'eau et on ne dépense ainsi que vingt francs par hectare.

EXIGER SUR CHAQUE FUT LA MARQUE DE FABRIQUE : A LA GERBE

TARIF DE L'ENGRAIS BOUTIN (pris à l'usine).

20 litres, avec le fut, pour 2 hectolitres de semence.				45 fr.
50 »	—	5	—	—	100
100 »	—	10	—	—	200
»	—		—	—	»

Le port à la charge de l'acheteur.

S'adresser au COMPTOIR DES CULTIVATEURS
26, rue Cadet, au coin de la rue Lafayette, Paris.

AU MAGASIN DU NOUVEL-OPÉRA

Paris, 10, rue de la Chaussée-d'Antin

(Tout près du boulevard des Italiens)

(Ancienne Maison HEU, fondée en 1800) **LOUIS GREGH** Sseur

EDITEUR-COMMISSIONNAIRE

Cette Maison offre à sa nombreuse clientèle l'avantage de faire entendre la musique avant d'être achetée. Les auditions sont publiques, journalières et gratuites (de 9 h. du matin à 10 h. du soir). — Toute musique commandée est reçue le lendemain même, soit par poste, soit par chemin de fer. — Remise du tiers sur prix marqué. — Envoi du cata'ogue des publications de la maison, *franco*. — Maison spéciale pour la commission et l'exportation. — Grand choix de pianos des meilleurs facteurs de Paris, à des conditions de remise excep-ionnelles.

MACHINES A VAPEUR HORIZONTALES
LOCOMOBILES AVEC OU SANS TRAIN DE ROUES

DIPLOME D'HONNEUR

GRANDE MÉDAILLE D'OR ET MÉDAILLE D'OR AUX EXPOSITIONS
DE LYON ET DE MOSCOU, 1872.

GRANDE MÉDAILLE DE PROGRÈS (équivalant à la grande
médaille d'or) A VIENNE, 1873.

L'ensemble de ces machines est élégant simple et très-solide ; les dernières construites, elles réunissent tous les perfectionnements désirés dans ce genre de moteurs. Elles ont obtenu les récompenses les plus élevées accordées à ce genre de machines, dans toutes les expositions et les concours. Le mécanisme est monté sur un fort bâti d'une seule pièce, complètement indépendant de la chaudière, sur laquelle il est posé à la façon d'un bâti et maintenu par un système d'attaches sans joints ni boulonnages. La machine peut être ainsi enlevée de dessus la chaudière et déposée comme une machine fixe sur une pierre d'assise. La manœuvre et l'entretien sont faciles ; le nettoyage s'opère d'une façon complète, grâce aux vastes proportions du corps de la chaudière et à la disposition des tubes. Le foyer est disposé pour brûler toute espèce de combustibles. Montées sur train de roues à articulation et à rotules, elles peuvent aller et tourner dans tous les sens et sur les plus mauvais chemins.

CHAUDIÈRES INEXPLOSIBLES

Prompte mise en pression. — Economie importante

Garanties

ENVOI FRANCO DU PROSPECTUS DÉTAILLÉ

Nota. — Les chaudières sont construites dans les ateliers spéciaux de la maison, ce qui donne, pour le choix des tôles et l'exécution, des garanties que n'offrent jamais les chaudières fournies PAR LES CHAUDRONNIERS à la plupart des Constructeurs-Mécaniciens.

J. HERMANN-LACHAPELLE
CONSTRUCTEUR-MÉCANICIEN
144, Paris, Faubourg-Poissonnière, 144, Paris.

APPRÉCIATION MÉDICALE DES VINS MOUSSEUX DE SAUMUR
Par M. le Docteur DRUITT, de Londres

(EXTRAIT DU JOURNAL *The Medical Times and Gazette.*)

Dans la fabrication que j'ai examinée, ce qui attire surtout l'attention c'est ce qui se rapporte à la salubrité des Vins mousseux. On voit qu'il existe une différence entre le Vin *fermentant* et le Vin *mousseux.* Tous les Vins en fermentation moussent; mais tous les Vins mousseux ne fermentent pas. C'est une différence qui n'échappera pas au praticien. Les Vins fermentants ont la réputation d'être mauvais pour la tête et l'estomac.

« Au contraire, un vrai Vin mousseux est celui dont la fermentation est entièrement finie ; le ferment épuisé, qui ne produit plus de nouvel acide carbonique, retient simplement en solution les gaz formés par la fermentation première. Le Vin mousseux est très-sain; l'expérience de chaque jour le prouve, et je suis sûr que plus d'un de nous a trouvé, dans un bon Vin mousseux, un remède qui, dans tous les cas, n'a rien de désagréable.

« De tous cela, il résulte que, dans la société comme en médecine, l'usage du Vin mousseux augmente considérablement. Rien n'est plus excitant avec une aussi petite quantité d'alcool.

« Nous avons pu voir que la production de ces Vins, dans les vingt-cinq manufactures des environs de Saumur, atteint un chiffre énorme. Où vont tous ces produits? La moitié de ces Vins sont envoyés à Londres, où ils ont été, jusqu'à présent, achetés par des marchands et étiquetés avec des noms choisis par l'Acheteur. Le plus souvent on l'appelle *Champagne,* et il porte sur son étiquette le mot *Reims.* Il est vendu ainsi comme Champagne. L'autre moitié s'en va en Champagne pour être transformée en Vin mousseux de seconde qualité.

« Maintenant, si quelqu'un désirant du Vin mousseux, soit pour son agrément, soit pour sa santé, peut se permettre une des grandes Marques de la Champagne de sept à dix shellings la bouteille, qu'il se contente. Il en a, ou croit en avoir pour son argent. Mais, pour les classes moyennes qui ne peuvent acheter celui-là, et qui, pourtant, ont besoin de Vin mousseux, c'est certainement une folie de donner quatre ou cinq shellings pour un Champagne de second ordre, quand on peut avoir à beaucoup meilleur marché un Vin identiquement semblable et peut-être meilleur, sous la modeste et vraie dénomination de *Vin de Saumur mousseux.* »

Le consommateur peut acheter, chez M. LOUIS DUVAU aîné, propriétaire du CHATEAU DE VARRAINS, PRÈS SAUMUR, ainsi que chez tous les Marchands de Vins qui en sont munis, des Vins mousseux à la Marque « **Château de Varrains,** » aux prix de **2 fr. 50 à 4 francs** la bouteille, droits en sus.